사랑이 흐르는 공동체 만들기 2
인간관계 훈련

그리스도인의 관계능력 향상을 위한 소그룹 교재

사랑이 흐르는 공동체 만들기 ②
인간관계 훈련

심수명 지음

"그런즉 믿음, 소망, 사랑,
　　이 세 가지는 항상 있을 것인데
　　그 중에 제일은 사랑이라" (고전 13:13)

DSU 도서출판다세움

목차

시작하는 글 _5

교재의 목적 및 유익 _7
교재의 구성 _8
모임 인도 방식 _9
모임을 위한 약속 _10
소그룹 인도자를 위하여 _11

1강 자기개방 훈련 _15
2강 주도성 훈련 _29
3강 자각 훈련 _47
4강 직면 훈련 _61
5강 사랑의 관계 훈련 _81

마치는 글 _98

시작하는 글

　모든 인간은 사랑을 갈망하고 진정한 사랑을 끝없이 동경합니다. 나를 위해 자신의 목숨까지라도 줄 수 있는 뜨거운 사랑을 갈망하고 있습니다. 내가 말하지 않아도 나를 알아주고 내 심정을 헤아리며 순수하고 진실한 마음으로 이끌어 줄 수 있는 사랑을 바랍니다.
　하지만 사람은 모두 상처받은 존재이고 본성적으로 자기중심적이어서 다른 사람에게 쉽게 분노하며 자기가 받은 상처를 다른 사람에게 거침없이 쏟아 내곤 합니다. 만일 상대방이 사랑하는 사람이라면 더 큰 상처를 받는데 그 이유는 사랑하는 사람에게는 자신을 지키고 있던 방어벽이 무너져 오히려 상처를 깊이 받게 됩니다.
　따라서 나를 사랑해 줄 사람을 찾으려고 가슴을 열어 놓으면 열어 놓을수록 끊임없이 상처와 배신을 경험하게 됩니다. 이것이 반복되다가 급기야 이제 더는 사랑을 찾지 않으리라 다짐하게 되지만 포기할 수 없는 것이 사랑에의 갈망입니다.
　사랑하며 살겠다는 것은 사랑으로 인해 받을 상처를 피하지 않고 상처와 정면으로 맞선 채 극복하며 살아가겠다는 의지의 표현입니다. 상처받기 두려워서 자신의 마음을 꽁꽁 닫은 채 피상적인 만남으로 살아가는 것은 결국 의미 없는 삶을 살다가 그저 스쳐 지나가는 인생으로 생을 마감할 뿐입니다. 상처를 덜 받으려고 자신의 마음을 닫아놓고 살면 나중에는 외로움과 고독의 성에 갇히게 되어 더 소외감만 쌓이게 됩니다.
　인간은 사람, 물건, 어떤 영역에서나 움켜쥐려 합니다. 소중하게 얻은 행복을 목숨 걸고 지킨다면 그 행복이 유지될 거라고 생각하며 삽니다. 그러나 사람은 그것이 무엇이든 붙잡고 있는 것을 내려놓을 때 진정으로 설 수 있습니다. 이것은 위대한 역설입니다.

삶을 그네타기 곡예에 비유해 봅시다. 우리가 곡예사라면 일단 붙잡고 있는 그네를 놓아야 반대편 그네까지 우아한 반원을 그리며 날아갈 수 있으며 상대방이 나를 잡을 수 있습니다. 따라서 내가 붙잡고 있는 것을 기꺼이 놓으려는 자세야말로 우리가 직면해야 할 최대의 도전 중 하나입니다.

결국 상처를 치유하는 길은 마음을 단단히 지키려는 자기만의 성에서 나와 순례자의 심정으로 치유하시는 주님을 신뢰하며 믿음으로 나아갈 때 가능합니다. 이때 하나님의 사랑으로 나를 돕고자 하는 영혼을 만나는 축복을 경험할 수 있습니다. 진정한 사랑의 삶, 치유를 가져다주는 사랑을 경험한 사람은 자기중심적인 이기심과 악을 벗고 사랑의 삶을 살고자 자신의 모든 것을 기꺼이 내어주게 됩니다.

하나님은 우리가 예수님처럼 사랑하는 삶을 살기를 원하십니다. 하나님이 인간을 공동체 속에 살도록 하신 것은 사랑에로의 초대입니다. 따라서 하나님의 부르심을 받은 우리는 그 길이 험난하고 어렵다 할지라도 풍성한 사랑을 소망으로 바라보며 부단히 노력해야 합니다. 이것은 본성을 거스르는 것이기 때문에 어려운 여정이지만, 힘들다고 우리의 인생길을 멈출 수는 없습니다.

저는 태어날 때부터 아버지의 외면과 거부 때문에 사랑에 한 맺힌 삶을 살았습니다. 그래서 한평생 참사랑을 찾는 구도자의 삶을 살았습니다. 그 과정에서 인간에 대해, 사랑에 대해 깊은 통찰을 얻었습니다. 또한 상처입은 치유자로서 다른 사람을 돕는 치유목회, 상담목회로 약 30여 년간 이 길을 걸어왔습니다. 그리고 지금까지 꾸준히 기독교적인 세계관을 바탕으로 상담을 대학이나 상담소, 교회 현장에 적용한 결과, 치유목회의 관점에서 교회와 성도들을 돕게 되었고 그 과정에서 행복한 영혼이 되었습니다. 이 공부를 하시는 당신도 저보다 더 행복하시길 기도합니다.

하나님의 따뜻한 사랑이 교회 공동체를 통해 온 누리에 가득 임하시길 바라며….

심수명 목사

교재의 목적 및 유익

이 교재의 목적은 성도들의 관계 안에 따뜻한 하나님의 사랑이 넘치도록 하는 데 있습니다. 이를 위한 방법으로 상담 방법 중에서 집단상담 기술을 기독교적 관점에서 재해석하여 인간관계 기술을 배우고 익히도록 구성하였습니다. 따라서 이 교재를 가지고 공부하고 훈련하게 되면 참여자들이 다음과 같은 유익을 얻게 됩니다.

첫째, 자신을 포함하여 모든 인간을 하나님의 아름답고 존엄한 형상으로 받아들이게 됩니다.

둘째, 삶에 대한 이해와 통찰이 깊어지며 인간관계에 대한 안목이 넓어집니다.

셋째, 전인성장이 일어나며 리더십이 향상됩니다.

넷째, 사랑의 관계, 하나됨의 관계를 경험합니다.

다섯째, 다른 영혼의 성장을 돕는 조력자 및 상담자로서의 기본적 능력과 자질이 향상됩니다.

여섯째, 자신이 속한 가정이나 교회에서 그 역량을 발휘하여 사랑이 흐르는 공동체로 변화시킬 수 있는 실력을 갖추게 됩니다.

교재의 구성

교재 전체는 총 5강으로 구성되었습니다. 전체 목표는 '사랑이 흐르는 공동체를 이루기 위해 사랑의 관계 기술을 배우고 익히는 것' 입니다. 각 강별 목표는 다음과 같습니다.

1강 '자기개방 훈련' 에서는 자신의 삶을 자유롭게 개방하여 삶의 자유와 참만남을 경험하도록 하였습니다.

2강 '주도성 훈련' 에서는 성경적인 주도성 개념을 배우고 익혀서 실제 삶에서 주도성을 발휘하도록 하였습니다.

3강 '자각훈련' 에서는 자신의 삶을 다듬고 통합하여 성숙한 그리스도인으로 살아갈 수 있는 능력을 갖도록 훈련합니다.

4강 '직면훈련' 에서는 자신이 보지 못하는 약점을 다듬어 성숙한 삶을 살아갈 수 있도록 하였습니다.

5강 '사랑의 관계 훈련' 에서는 아가페 사랑을 배우고 익혀 타인을 섬기는 삶으로 나아가도록 훈련합니다.

모임 인도 방식

프로그램의 효과를 최대한 누리기 위해서는 이 순서에 따라 인도하기를 제안합니다. 각 강의 이론부분을 잘 이해한 후 활동을 통해 이론적 내용을 체득하는 것이 중요합니다. 한 회의 프로그램을 마치는 데 보통 1시간 30분에서 2시간 정도가 적당합니다.

(1) 현재 심정 나누기 (10-20분)

(2) 목표 제시 (5분)

(3) 나눔 (20-30분)

(4) 활동 (30-40분)

(5) 마무리 (10분)

(6) 기도 (5분)

모임을 위한 약속

모임을 시작하기 전에 다음의 약속을 지키기로 다짐합니다.

1. 모임에 적극적으로 임하고 자발적으로 참여하겠습니다.
2. 리더와 멤버에 대하여 비난이나 비판의 마음을 가지지 않도록 노력하겠습니다. 만일 말이나 행동으로 실수가 있을 때 용서를 구하며 돌이키는 결단을 하겠습니다.
3. 가능하면 솔직하게 이야기하고 혹 말하고 싶지 않을 때 다시 용기를 내어 보겠습니다. 그리고 왜 말을 하고 싶지 않은지 생각해보고 그 이유를 말로 표현해보겠습니다.
4. 다른 사람이 이야기할 때 이야기하는 사람을 바라보고 집중하며 마음과 정성을 다해 귀 기울여 듣겠습니다.
5. 멤버들을 격려하고 칭찬하겠습니다. 또한 멤버들의 장점을 찾아서 지지해주겠습니다.
6. 모임 시간 동안에 들은 이야기를 절대로 밖에서 말하지 않겠습니다. 왜냐하면 이 시간 동안에 이야기된 모든 내용은 비밀이 보장되어야 하기 때문입니다.
7. 모임에 지각하거나 결석, 자리이동 등 모임의 분위기를 방해하는 행동을 하지 않겠습니다.
8. 무엇보다 다른 사람을 존중하겠습니다. 타인이 내게 잘못했을 때 그 실수나 허물을 용납하고 용서하겠습니다.
9. 어떤 일이 있어도 핸드폰을 꼭 끄고 모임에 임하겠습니다.

소그룹 인도자를 위하여

1. 모임을 시작하면서 현재의 심정을 나눕니다. 모임을 하기 전에 자신의 마음을 개방하는 이유는 부정적이거나 힘든 마음을 가지고 있을 때 말씀을 올바로 깨닫고 적용할 여유가 없기 때문입니다. 따라서 매 강 처음 시작할 때 마음을 열어 감정을 나누면서 자연스럽게 훈련받을 수 있는 준비를 합니다. 이 시간은 10 - 20분을 넘지 않도록 합니다.
2. 교재에 제시된 질문에 따라 매순간 자신을 돌아볼 수 있도록 멤버를 이끕니다. 처음에는 자신의 이야기를 한다는 것이 귀찮고 싫을 것입니다. 그러나 서로의 삶을 진솔하게 나누는 분위기를 조성하면 자발적인 나눔이 일어나게 됩니다.
3. 멤버가 진솔한 자기개방을 할 때 인도자는 경청과 공감으로 만나줍니다. 이를 위해 인도자는 하나님께 의탁하는 기도와 진솔한 자기개방, 인격적인 태도가 몸에 배어 있어야 합니다. 인도자는 자신의 생각을 주입하려 하거나 많은 말을 하지 않습니다. 멤버들이 자신의 생각과 감정을 스스로 정리할 수 있도록 기회를 제공합니다.
4. 인도자는 메시지의 핵심과 방향에 대해서는 분명한 안내를 하도록 합니다. 이를 위해 교재를 최소한 3번 이상 읽고 자신에게 먼저 적용하여 성실하게 답을 작성해 보십시오. 교재의 내용을 충분히 숙지해야만 모임을 목적에 따라 이끌 수 있습니다.
5. 모임의 시간을 잘 조절하십시오. 삶을 나누다 보면 자꾸 자기 이야기를 하고 싶어집니다. 그러나 한 사람이 이야기를 독점하면 모임의 역동이 깨어지고 멤버들이 지루해할 수 있으므로 자신의 이야기를 길게 하는 멤버가 있다면 인격적이면서도 부드러운 태도로 자제해줄 것을 권면합니다.

6. 소그룹의 가장 확실한 인도자는 성령님이십니다. 매시간 성령님께 의탁하는 마음으로 기도하면서 모임을 인도하는 것이 가장 효과적임을 잊지 마십시오. 모임 전에, 모임이 진행되고 있는 중에라도 멤버와 자신을 위해 기도하십시오.

7. 인도자는 멤버가 모임 중에 이야기한 것에 대해서는 끝까지 비밀을 유지해야 하며 멤버들에게도 비밀을 지켜달라고 당부합니다. 아무리 좋은 목적이라 하더라도 모임 중에 이야기한 것은 공개하지 않는 것이 원칙입니다. 만약 공개해야 될 경우, 사전에 멤버의 동의를 구해야 하며 공개된 이후에 심적으로 불편할 수도 있음을 알려주어야 합니다.

8. 인도자가 자신의 호기심으로 궁금해 하는 태도는 지양해야 합니다. 그리고 멤버가 이야기하고 싶지 않을 때는 언제든지 말하지 않아도 될 권리가 있음을 알려주어야 합니다. 인도자의 최대 의무 가운데 하나는 멤버를 보호하는 것이며, 멤버가 인도자의 이런 마음을 통해 안전감을 느낄 때 그 모임은 신뢰 속에서 계속 성장할 수 있습니다.

9. 일반적으로 모임의 인도자들은 다른 사람의 문제를 대신 짊어지거나 감정적으로 깊이 관여하고픈 유혹을 자주 느낍니다. 특히 동정심이 많고 타인의 문제에 민감한 사람은 모임 중에 객관성을 상실할 수 있습니다. 도움을 주려는 마음은 숭고한 것이지만 지나친 관여는 멤버에게 도움이 되지 않고 인도자의 탈진을 가져올 수 있습니다. 그러므로 인도자는 자신이 도와주어야 할 영역이 어디까지인지 분명한 한계를 설정하고 그 한계 내에서 도움을 주어야 지치지 않고 오랫동안 도와줄 수 있습니다.

10. 모임을 인도하다 보면 어떤 문제들은 인도자가 감당하기에는 너무 벅차거나 시간이

요구되는 경우가 있습니다. 깊이 뿌리박힌 정서적인 문제나 자살 성향 또는 파괴적인 충동을 지닌 사람은 인도자가 직접 해결하려고 하기보다는 전문가(자신의 인도자나 상담자)에게 위탁함으로 적절하게 도움을 구하는 것이 지혜로운 처사임을 명심하십시오.

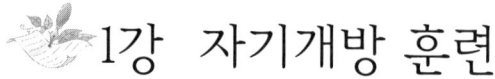 1강 자기개방 훈련

목표 : 자기개방을 통해 자유와 참 만남을 경험하도록 합니다.

현재 심정 나누기 (10-20분)

모임을 시작하면서 느껴지는 심정을 진솔하게 나누어 봅시다. 말하는 분은 자신의 심정을 잘 느끼면서 사고로 통합해서 말하며, 듣는 분은 상대방의 이야기에 집중하고 경청하여 그의 심정을 잘 듣고 긍정적으로 피드백합니다.

목표 제시 (5분)

이 강의 목표와 주제 말씀을 다 같이 읽고 그 의미가 무엇인지 생각해 봅시다.

주제 말씀

사람의 일을 사람의 속에 있는 영 외에는 누가 알리요 이와 같이 하나님의 일도 하나님의 영 외에는 아무도 알지 못하느니라(고전 2:11)

●●●의미: 하나님의 영적인 지혜와 진리를 이해하려면 성령님을 통해서만 가능합니다. 마찬가지로 사람의 마음을 이해하려면 마음과 마음의 만남이 있어야 합니다. 이를 위해 자신이 스스로 마음을 열어 개방함으로써 기쁨과 삶의 자유를 경험하도록 도전해 봅니다.

나눔 (30-40분)

여기에 있는 내용을 한 단락씩 나누어 읽어가며 그때 들은 생각이나 깨달음, 느낌 등을 자연스럽게 이야기합니다. 그리고 각 내용에 따라 제시된 질문을 보고 진솔하게 나눕니다.

1. 하나님의 자기개방

하나님께서는 자신을 열어서 우리에게 보여주실 뿐 아니라 자신을 개방하는 것을 아주 기뻐하십니다. 하나님이 자신을 보여주시는 방법은 아주 다양합니다. 특히 자연이나 믿음의 사람들, 또한 말씀을 통해 자신을 열어 보여주십니다. 그러나 가장 많이 자신을 보여주신 것은 그 아들 예수 그리스도를 통해 비밀을 다 보여주셨습니다.

우리는 종종 하나님께서 우리에게 등을 돌리시고 관심이 없으시며 다른 사람을 돌보시느라 바쁜 하나님이라고 오해할 때가 있습니다. 게다가 하나님은 나를 떠나가실 것이라고 불안해 하기도 합니다. 하나님에 대한 이러한 생각은 하나님의 마음이 아니라 우리 자신의 마음입니다. 즉 사람에게 거절 받고 상처 받은 우리의 마음을 하나님께 전가하고 투사한 것입니다.

그렇다면 하나님께서 우리와 함께 하고 싶어 하시며 우리에게 자신을 열어 보이기를 기뻐하신다는 사실을 어떻게 알 수 있을까요? 그것은 말씀에 근거해서 알 수 있습니다. 하나님께서는 성경 속에서 당신의 생각, 마음, 감정, 소원, 열망, 비전이 무엇인지 분명히 말씀하고 계십니다. 믿음의 눈으로 성경을 바라볼 때마다 하나님께서 우리에게 얼마나 자신을 개방하여 우리와 교제하고 싶어하는지 알 수 있으며 그것이 너무 많다는 사실에 그저 놀랄 수밖에 없습니다.

그리고 더 놀라운 사실은 그렇게 자주 우리에게 자신을 열어 보여 주셨는데도 우리는 '하나님을 알 수 없다. 하나님은 숨어 계신다. 내가 필요로 할 때 나타나지 않고 침묵하고 계신다.'고 오해했다는 것입니다.

하나님을 알고 싶으신가요? 만나고 싶으신가요? 지금 이 순간 성경을 열어, 기도하면서 묵상하십시오. 또, 자연을 바라보면서 온 천지에 편만하신 그 하나님을 만나보십시오. 만약 하나님을 만날 수 없고 하나님을 느낄 수 없다면, 좌절하거나 하나님을 원망하지 말고 믿음으로 인내하십시오. 그분을 아주 가까이에서 느낄 때가 반드시 올 것입니다.

💛 위 말씀을 보면서 하나님께서 우리에게 당신을 열어 보여주시기를 기뻐하신다는 사실에 대한 당신의 생각은 무엇인지요? 하나님의 개방에 대하여 감동이나 깨달음이 있으신지요?

2. 자기개방에 대한 이해

　자기개방(Self-Disclosure)이란 자신의 삶이나 속마음을 타인에게 드러내어 보이는 것을 말합니다. 깨끗한 계곡물을 들여다보면 그 속에 있는 작은 돌과 모래까지도 바로 눈앞에 있는 것처럼 선명하게 보입니다. 투명한 인격을 가진 사람은 자신이나 타인이 감당할 수 있는 수준에서 적절하게 자신의 결점을 드러낼 수 있습니다. 자기 개방은 적절한 자기보호 속에서 자신이 결정한 영역만큼 투명하게 열어 보이는 것입니다. 이런 사람이 진정으로 자유로운 사람입니다. 이런 사람은 누가 자신의 부족함을 지적해도 편안히 자신을 수용할 수 있습니다. 이처럼 자기개방은 상대방으로 하여금 나를 이해하고 나에게 가까이 오게 하는 유용한 방법입니다.

　믿을만한 사람에게 자기의 참된 모습을 개방할 수 있는 사람이 건강한 사람입니다. 자신을 개방하지 않거나 억압할 때 병이 더 커진다는 것은 이미 널리 알려진 사실입니다. 이렇게 자기개방은 심리적으로 정화작용을 일으키며, 정신건강의 유지 및 향상에 필수적인 요인이라는 것에 많은 학자들이 동의하고 있습니다. 또한 자기개방은 무엇보다도 의사소통과 인간관계 증진에 큰 영향을 미치는데, 그 이유는 아무에게도 이야기하지 않은 비밀을 신뢰하는 사람에게 이야기할 때, 만남의 수준이 더욱 깊어지며 상호 신뢰감이 쌓여 인간관계를 촉진하기 때문입니다.

　자기개방은 다음과 같은 유익이 있습니다.
　첫째, 정화(catharsis)효과를 가져와 억압된 심리를 치료할 수 있습니다.
　둘째, 자신의 일에 더욱 깊이 몰입할 수 있는 에너지와 능력이 만들어집니다.
　셋째, 두려움을 극복하고 자신을 여는 용기로 자신감을 갖게 합니다.
　넷째, 타인과 진정한 만남이 이루어지게 됩니다.

　💟 자기개방을 통해 자유와 평안을 누렸던 경험을 나누어 봅시다.

3. 적절한 자기개방 방법

자기개방을 하지 않게 되면 참다운 자신을 알지 못할 뿐 아니라 상대방으로부터 이해받을 수도 없고 진정한 인간관계를 맺기가 어렵습니다. 또한 대인관계에 있어 상호 간에 자신을 열어 보이지 않으면 서로 오해하는 경우가 생기곤 합니다. 이처럼 자기개방은 인간 관계에 매우 중요한 요인입니다.

• 잘못된 자기개방

첫째, 과거 일에 대해 사실 보고형식으로 개방하는 것입니다.
둘째, 필요 이상으로 자기를 개방하여 자기폭로를 하는 것입니다.
셋째, 개방을 한다고 하면서 은근히 타인을 비난하는 것입니다.
이것은 타인에 대한 자신의 속상함을 털어 놓으면서 다른 사람의 동조를 구하거나 제3자를 통해 자기를 속상하게 한 사람을 조종하기도 합니다.

• 적절한 자기개방

첫째, 상대방과 신뢰관계가 형성된 후에 자기를 개방하는 것입니다.
둘째, 자기개방을 하고자 모험을 감행하는 것입니다.
셋째, 상대방이 관심을 가지고 있는 문제에 대해 자기개방을 하는 것입니다.
넷째, 자신의 정서와 결부시켜서 개방하는 것입니다.

💭 잘못된 자기개방과 적절한 자기개방에 대한 설명을 보면서 자신의 경우는 어떠했는지 나누어 봅시다.

4. 성경의 자기개방의 예

1) 사도바울

사도바울은 로마서 7장 21-24절에서 자신이 얼마나 세상을 좋아하며 사모하는지, 그리고 얼마나 육신의 정욕을 사모하는지 분명하게 언급하고 있습니다.

> 롬 7:21) 그러므로 내가 한 법을 깨달았노니 곧 선을 행하기 원하는 나에게 악이 함께 있는 것이로다
> 22) 내 속사람으로는 하나님의 법을 즐거워하되
> 23) 내 지체 속에서 한 다른 법이 내 마음의 법과 싸워 내 지체 속에 있는 죄의 법으로 나를 사로잡는 것을 보는도다
> 24) 오호라 나는 곤고한 사람이로다 이 사망의 몸에서 누가 나를 건져 내랴

또한 디모데전서 1장 15절에서는 자신을 "죄인 중의 괴수"라고 분명히 표현했습니다. 바울은 자신의 죄인됨을 있는 그대로 고백함으로써 자신의 실존을 겸손히 인정하였습니다.

2) 베드로

베드로는 누가복음 5장 8절에서 메시야이신 예수님이 자신을 제자로 부르실 때, 예수님 앞에 꿇어 엎드려 "주님, 저는 죄인입니다. 제발 저를 떠나 주십시오."라고 고백하면서 자신의 죄인됨을 드러내고 있습니다.

3) 사마리아 여인

요한복음 4장 29절에서 사마리아 여인은 "나의 행한 모든 일을 내게 말한 사람을 와서 보라 이는 그리스도가 아니냐"라며 예수님을 증거했습니다. 이 여인은 자신의 과거가 부끄러워 사람들 앞에 나설 수 없었지만 예수님과의 만남을 통해 자신을 보일 수 있는 용기를 얻고 더 나아가 복음을 전할 수 있게 되었습니다.

💗 위의 믿음의 사람들을 보면서 적절한 자기개방이 무엇이라고 생각되는지요? 자기 생각과 느낌을 진솔하게 나누어 봅시다.

활동(30-40분)

1. 중요 사건 개방하기 (그림으로 표현하기)

　3명이 한 조가 되어 자기개방을 촉진시키는 활동을 해 봅시다. 먼저 다음의 표에 따라 중요한 사건을 그림으로(상징적으로) 그려봅니다. 이때 자신의 삶을 묵상하며 중요한 사건이 잘 기억나도록 기도하면서 작성합니다. 대화하는 원칙은 다음과 같습니다. 말하는 사람은 자신의 이야기를 할 때 사건의 줄거리와 그때의 자신의 심정이 어떠했는지 표현합니다. 듣는 사람은 그의 말을 요약하고, 그의 심정을 알아주고, 공감해줍니다.

〈그림 1〉 나의 모습 표현하기 - 심수명의 예

유년시절 - 외로움, 슬픔	초등학교 때 - 좌절	중고등학교 때 - 분노

대학교 때 - 신앙과 삶의 혼란	성인기 - 지침	현재 - 자신감, 행복

미리 써 보는 묘비의 문구

여기 잠든 위대한 하나님의 사람, 심수명은 따뜻한 남편, 인격적인 아버지, 사랑의 목회자, 진실한 상담자, 탁월한 교육자로 인류를 섬기다가 주님의 품에 안겼다.

〈그림 2〉 나의 모습 표현하기 - 나의 경우

어렸을 때 (유아시절)	초등학교 때
중, 고등학교 때	대학교 때 (청년시절)
성인시절	현재
미리 써 보는 묘비의 문구	

2. 열등감 개방하고 나누기

다음은 필자의 열등감입니다.

저의 삶은 열등감으로 점철된 나날들이었습니다. 열등감의 뿌리는 부모님께 사랑받지 못하고 거절 받은 것에서 비롯되었으며, 그 상처 때문에 수많은 열등감이 생기고 병리적인 아픔 및 인격장애의 고통까지 겪어야 했습니다. 그동안 저를 힘들게 했던 열등감들을 나열해 보면 다음과 같습니다.

첫째, 부정적 정서가 마음에 가득했습니다. 언제나 마음 깊은 곳에는 '나 같은 것이…' 라는 연민과 낮은 자존감, 삶에 대한 좌절감, 그리고 제 존재에 대한 부끄러움과 수치심이 가득했습니다. 저는 살아야 할 가치를 발견할 수 없었고 자기비하가 제 마음 전체를 지배하였습니다. 그래서 대인관계에 자신이 없었고, 똑똑해 보이며 부유해 보이는 사람이 있으면 주눅이 들었습니다.

그뿐 아니라 아버지로부터 받은 거절감 때문에 권위자를 두려워하여 적극적인 관계를 갖지 못한 채 주위에서 맴돌면서 아버지에 대한 분노를 투사하며, 적개심과 거부의 감정을 가지고 살았습니다. 이러한 감정 때문에 누군가를 죽이고 싶은 살의까지 품고 살았습니다. 이 얼마나 무서운 부정적 정서인지요.

둘째, 저의 외모입니다. 어릴 때는 키가 작은 것이 가장 심각한 열등감이고 아픔이었습니다. 사람은 외모를 보고 판단하기 때문에 키가 작은 것 그 자체가 저에게는 무력감과 거절감을 갖게 만들었습니다. 저는 이 열등감을 20대 초반까지 가지고 살았습니다.

셋째, 방위 출신인 것입니다. 처음에는 방위인 것이 기뻤습니다. 그러나 군대에 가서 방위라는 이유로 받은 수모와 비인간적인 대우, 그리고 기합과 폭력 등은 제 안에 더 깊은 열등감을 가중시켜 삶을 밑바닥까지 흔들어 놓았습니다. 저는 억울하여 소리쳤습니다. '현역으로 가고 싶다.' 따라서 방위는 제게 무서운 열등감의 화신이 되어 30대 초반까지만 해도 다시 방위로 소집되어 군대에 가는 악몽을 꾸었고 그때마다 식은 땀을 흘리곤 했습니다.

1) 나의 신체에서 마음에 안 드는 곳이 무엇인지 나누어 봅시다.

2) 나의 성격이나 능력에 있어 마음에 안 드는 것이 무엇인지 나누어 봅시다.

마무리(10분)

이 강에서는 자기개방에 대해서 배우고 자기개방의 예를 보면서 우리도 자신의 인생 가운데 중요한 사건들을 개방하면서 자신과 타인을 만나는 시간을 가졌습니다. 이 강 전체를 공부하고 나누면서 관계 안에서 자유와 참만남을 경험하셨는지요? 가장 크게 마음에 와 닿은 것이나 깨달은 것이 있다면 무엇인지 나누어 봅시다.

기도 (5분)

이 강을 통해 좋은 배움과 훈련을 갖게 해 주신 하나님께 감사하고 동료들에게 격려와 축복의 말을 전합니다.

하나님, 내 마음을 열어 자신을 투명하게 노출하는 데에는 많은 용기가 필요함을 알았습니다. 두려움과 상처가 많은 저는 이 모습을 개방하기가 어렵습니다. 그래도 나를 있는 그대로 사랑하시는 하나님과 교회 공동체를 신뢰하는 마음으로 나를 열어 보일 수 있는 용기를 주시옵소서. 그리하여 참 자유를 맛보게 하시고 다른 사람에게도 진실한 사랑으로 나아갈 수 있도록 인도하여 주시옵소서. 부족하나마 이 시간을 통하여 저를 개방할 수 있는 시간을 허락하심에 감사드리며, 사랑의 예수 그리스도의 이름으로 기도드립니다. 아멘.

2강 주도성 훈련

목표 : 성경적인 주도성 개념을 배우고 익혀 실제 삶에서 남을 배려하며 주도적으로 말하고 생각하는 훈련을 통해 자신의 삶을 책임지고 세워나가도록 합니다.

현재 심정 나누기 (10-20분)

모임을 시작하면서 느껴지는 심정을 진솔하게 나누어 봅시다. 말하는 분은 자신의 심정을 잘 느끼면서 사고로 통합하여 말하며, 듣는 분은 상대방의 이야기에 집중하고 경청하여 그의 심정을 잘 듣고 긍정적으로 피드백합니다.

목표 제시 (5분)

이 강의 목표와 주제 말씀을 다 같이 읽고 그 의미가 무엇인지 생각해 봅시다.

주제 말씀

내가 모든 사람에게서 자유로우나 스스로 모든 사람에게 종이 된 것은 더 많은 사람을 얻고자 함이라(고전 9:19)

●●● 의미: 바울은 예수 그리스도 외에 그 어떤 사람에게도 예속되지 않은 자유인이었습니다. 이런 그는 모든 사람이 구원을 얻게 된다면 자신의 모든 것을 내어주어도 좋다는 뜨거운 사랑의 심정으로 스스로 모든 사람의 종이 되었습니다. 그는 모든 사람들을 그리스도께 인도하기 위하여 자발적이며 주도적으로 사랑의 종이 된 것입니다.

나눔 (30-40분)

여기에 있는 내용을 한 단락씩 나누어 읽어가며 그때 들은 생각이나 깨달음, 느낌 등을 자연스럽게 이야기합니다. 그리고 각 내용에 따라 제시된 질문을 보고 진솔하게 나눕니다.

1. 주도성의 개념

주도성은 자신의 삶에 대해 주인 의식을 가지고 스스로의 행동에 대해 책임지는 적극적인 태도를 말합니다. 간디는 "우리가 주지 않는다면 그들은 결코 우리의 자존을 빼앗을 수 없다."고 말했습니다. 어떤 사람들이 나의 자존을 빼앗아가기 위해 나를 위협하고 고문하며 심지어 죽일 수도 있습니다. 그러나 나의 삶은 하나님이 나에게 위임하신 것입니다. 내 삶의 권한과 책임은 전적으로 나에게 있습니다. 따라서 나 스스로를 존엄한 존재로 여기며 인생을 내 책임 하에 이끌어가는 것이 바로 주도적인 삶입니다.

주도성에는 자신의 삶에 대한 적극성이 내포되어 있는데 적극성이란 무모하게 밀어붙이거나, 지나치게 나서서 비난의 대상이 되거나, 공격적이 된다는 것이 아닙니다. 그것은 어떤 일이든 내가 선택한 것은 나 자신이 끝까지 완수할 책임이 있음을 인식하는 것입니다. 따라서 누군가에게 책임을 지도록 하는 것은 부담을 주며 괴롭게 하는 것이 아니라, 그가 자존감을 가지고 자신의 삶을 경영할 수 있도록 돕고 높은 수준의 삶을 살도록 존중하는 것입니다.

어떤 일을 솔선해서 적극적으로 하는 사람과 그렇지 못한 사람 간의 차이는 문자 그대로 밤과 낮의 차이만큼이나 크며 하늘과 땅 차이만큼 다른 결과로 나타납니다. 특히 영리하고 사려 깊으며 섬세한 사람이 적극적으로 행동하는 경우 그 차이는 더욱 엄청난 것입니다.

삶에 대해 주인의식을 가지고 스스로 책임지며 사는 것에 대한 성경적인 근거는 하나님으로부터 기인한다고 볼 수 있습니다. 하나님은 세상을 창조하신 후 사람에게 하나님의 뜻대로 세상을 경영하고 다스리도록 그 권한을 위임하셨습니다(창1:28). 또한 예수님께서도 달란트나 므나의 비유, 또 그 밖의 말씀들을 통해 하나님의 뜻 안에서 책임 있게 살 것을 자주 말씀해 주셨습니다.

그러므로 기독교 정신에 근거하여 책임 있는 삶을 사는 것이 청지기의 자세이며 주도적인 태도입니다. 청지기의 진정한 개념은 나 자신을 포함하여 내가 소유한 모든 것이 내 것이 아니요 하나님의 것이므로 주인 되신 하나님의 뜻대로 관리하는 사람이 되는 것입니다. 가장 인격적인 하나님은 모든 것을 우리에게 맡기셨습니다. 그러므로 우리는 스스로 주인의식을 가지고 하나님의 뜻을 살펴 자신과 세상을 잘 경영해 가야 합니다.

여기에 상주시는 하나님을 바라보는 믿음의 삶이 있습니다. 즉 하나님 나라에서의 상급과 축복을 바라보며 최선을 다하는 삶이 필요합니다. 그러므로 청지기 의식의 기본은 주도성의 개념을 내포하고 있는 것임을 알 수 있습니다.

♥ 성경적인 주도성이 무엇인지 핵심을 정리해 봅시다.

♥ 주도성을 발휘하는 삶은 어떠한 삶인지 이야기해 보고 자신의 모습은 어떠한지 나누어 봅시다.

2. 종속적인 행동과 주도적인 행동의 차이

운명론은 스키너와 같은 행동주의 심리학파의 '자극 - 반응 이론'에 기초합니다. 이 이론은 우리 인간이 특정한 자극에 대해 동일한 방법으로 반응하도록 조절되어 있다는 것입니다.

〈그림 3〉 **자극과 반응 (종속적인 행동)**

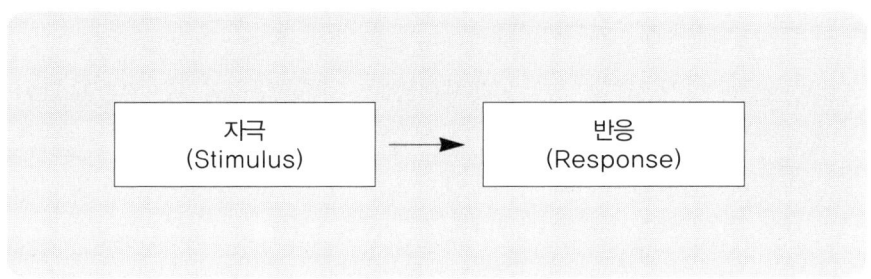

자극에 의해 영향을 받는 사람은 '사회적 여건과 환경'에 의해 영향을 받는 사람입니다. 즉 주위의 사람들이 자기를 잘 대해 줄 때 기분이 좋아집니다. 그러나 주위 사람들이 그렇지 못할 때는 방어적이 되고 매우 분노하게 됩니다. 이런 사람은 스스로의 삶에 주인이 되지 못하고 상황이나 다른 사람의 정서적 노예가 되는 것입니다. 이것은 운명주의에 매이는 노예와 같은 삶이요, 마치 어린아이처럼 자기중심적이며 이기적인 좁은 마음으로 사는 삶입니다. 예수님도 "너희가 너희를 사랑하는 자를 사랑하면 무슨 상이 있으리요"(마 5:46)라고 말씀하셨습니다. 그러므로 우리의 삶은 한층 더 열리고 성숙되어야 합니다.

미첼이라는 사람은 46세에 오토바이 사고를 당해 얼굴을 알아볼 수 없을 정도로 화상을 입었고 4년 뒤에는 비행기 추락 사고로 하반신까지 마비되고 말았습니다. 그러나 이러한 불행은 그의 영혼을 조금도 위축시키지 못했습니다. 오히려 지금까지 숨겨졌던 힘이 발휘되기 시작했습니다. 그는 열심히 일하여 그 노력의 대가로 백만장자가 되었고, 유명한 연설가가 되었으며, 결혼도 하고, 새로운 학위도 취득하였습니다. 그러나 이러한 기적은 필연의 결과였다는 사실이 증명되었습니다.

"나에게 이런 불행이 닥쳐오기 전까지는 내가 할 수 있었던 일은 10,000여 가지였습니다. 그러나 이제 내가 할 수 있는 일은 9,000여 가지로 줄어들었습니다. 이제 나는 내가 잃어버린 1,000가지에 대한 슬픔과 고통 속에서 살든지 아니면 나에게 남아 있는 9,000가지로 살아가든지 둘 중의 하나를 선택해야 하는 귀로에 서 있었습니다."

결국 미첼은 자기에게 남아 있는 9,000가지를 기뻐하기로 작정했습니다. 그리고 그의 이런 주도성은 10,000가지를 가진 때보다 훨씬 더 그의 인생을 위대하고 행복하게 만들었습니다.

주도적인 사람은 환경이나 사람에 의해 지배를 받지 않는 사람입니다. 오히려 환경이나 상황을 자신이 이끌고 주도해 갑니다. 환경에 영향 받지 않는 주도성은 바로 하나님에 대한 확신과 믿음에서 나오는 것입니다.

💗 이 글을 읽으면서 깨달아진 것은 무엇입니까?

💗 종속적인 행동에 대한 글을 보면서 나의 경우 얼마나 종속적인 삶을 살아왔는지 진솔하게 나누어 봅시다.

3. 주도성에 대한 오해

주도성에 대한 오해가 있는데 그것은 주도성을 잘못된 자기주장으로 생각하는 경우입니다. 잘못된 자기주장은 자신의 권리를 내세울 때 상대방을 배려하지 않고 자신이 세운 목표를 고집합니다. 이 과정에서 다른 사람이 자신의 주장에 동조하지 않으면 분노하는 이기적인 태도를 가집니다.

그러나 기독교적 가치관에 근거한 자기주장은 타인을 배려하고 섬기는 마음으로 자신의 생각이나 감정을 표현하는 것입니다. 이러한 자기주장이 바로 주도적인 태도이며 이것은 의무 때문에 하는 소극적인 자세가 아니라, 나 스스로가 그렇게 하기로 자유롭게 선택하고 결심했기 때문에 하는 적극적인 태도를 의미합니다. 이때의 나의 선택은 내가 스스로 선택한 것이지 억지로 강요된 것이 아닙니다.

마태복음 5장 38-42절에 예수님께서는 세 가지 비유로 말씀하셨습니다.
"또 눈은 눈으로 이는 이로 갚으라 하였다는 것을 너희가 들었으나 나는 너희에게 이르노니 악한 자를 대적하지 말라. 누구든지 네 오른편 뺨을 치거든 왼편도 돌려 대며 또 너를 고발하여 속옷을 가지고자 하는 자에게 겉옷까지도 가지게 하며 또 누구든지 너로 억지로 오 리를 가게 하거든 그 사람과 십 리를 동행하고 네게 구하는 자에게 주며 네게 꾸고자 하는 자에게 거절하지 말라"

이 말씀이 뜻하는 바는 억울함을 당했을 때 두 배 이상 친절을 베풀되 부당한 상황에 처했다 하더라도 스스로 통제할 수 있는 능력을 가지라는 말씀입니다. 상대방이 오 리를 가 달라고 요구할 때 십 리를 가주고 오른편 뺨을 칠 때 다른 편 뺨을 돌려대는 것은 상대방의 부당한 행동에 휩쓸려 그와 똑같은 행동을 하는 것이 아니라 한층 수준 높은 삶의 모습을 보여주는 것입니다.

이러한 행동은 상대방이 나를 조종하도록 내버려두지 않는 것이며, 나를 이용하려고 했던 상대방의 마음속에 부끄러움을 느끼게 할 뿐 아니라 오히려 자신의 악함을 볼 수 있도록 하는 거룩한 행동이자 주도적인 행동입니다.

러시아 혁명 당시, 오른편 뺨을 때리거든 왼편을 돌려대라는 그리스도의 훈계를 무저항으로 생각하고 믿었던 메노파 교인들이 있었습니다. 이들은 예수님의 의도를 심각하게 오해하여 마을을 침략한 군인들이 자신들의 아내를 강간하는 현장에 있으면서도 그냥 방치했습니다.

학대하는 남편과 함께 사는 여성이 남편의 학대와 구타를 내버려두는 것, 사업 관계에서나 개인적 거래에서 우리가 기독교인임을 알고 우리의 신앙을 빙자하여 자신들의 이익을 추구하려는 행동을 묵인하는 것은 비주도적인 처사입니다. 이런 경우 겸손함으로 문제점을 지적하고 차분한 마음과 인내심을 가지고 부당한 행동을 고쳐줄 것을 요구하는 것이 적절한 태도입니다. 상대방이 악이나 속임수로 우리를 대할 때 확고함과 부드러움으로 맞서서 싸우는 것이 주도적인 삶의 태도입니다.

실제적으로 예수님께서는 심문받는 과정에서 대제사장의 심문에 정확하게 답하였습니다. 그런데 옆에 있던 하속이 예수님을 위협하면서 말대답한다고 손으로 치자, 예수님께서는 "내가 말을 잘못하였으면 그 잘못한 것을 증거하라 잘하였으면 네가 어찌하여 나를 치느냐"(요18:23)고 분명하고 확고한 태도로 맞서는 모습을 보이셨습니다.

내가 다른 사람을 도우려면 먼저 원칙에 근거한 사랑의 힘이 있어야 합니다. 이런 차원에서 다른 사람에게 도움을 주기 위해 자신의 인격과 능력을 키워야 합니다. 예수님은 이 세상에 사람을 섬기기 위해 오셨기 때문에 십자가에 죽기를 스스로 선택하셨고 그 길을 가셨습니다. 이러한 모습이 가장 주도적인 모습입니다.

💜 본문을 읽고 주도성에 대하여 오해한 것과 참된 주도성은 무엇인지 나누어 봅시다.

4. 주도적인 행동

주도적인 행동을 아래 그림이 잘 나타내 주고 있는데 이것을 설명하면 다음과 같습니다. 인간은 자신이 원치 않는 고통의 자극을 받으면 본능적으로 그것을 방어하거나 거부하고 싶은 마음이나 행동을 하게 됩니다. 이때 본능적인 반응을 사랑으로 잘 다스리되 스스로 어떻게 행동할 것인지 선택하는 자유의지를 발동시킵니다. 그리고 행동하기로 결단하는 과정에서 그리스도인으로서의 자아의식과 믿음, 신앙적인 양심, 소명의식을 가지고 자신이 취해야 할 행동을 선택하기로 결단합니다. 이러한 과정을 거쳐 나온 행동은 상대방을 사랑할 뿐 아니라 자신을 사랑하는 행동으로 나타납니다. 이것이 바로 주도적인 행동입니다.

〈그림 4〉 **주도적 행동**

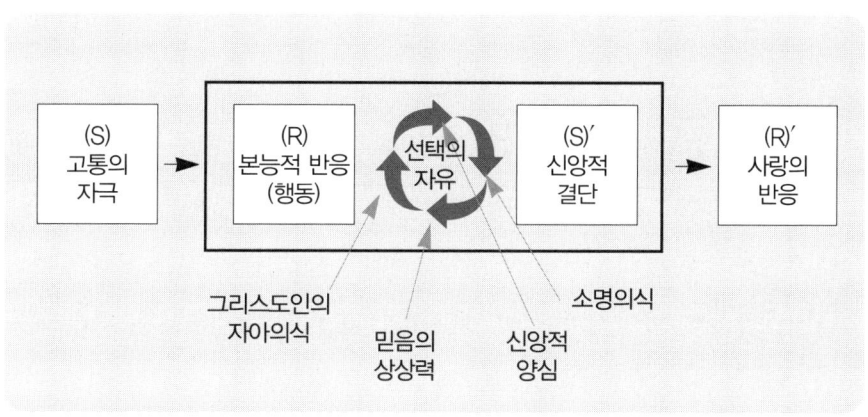

주도적인 태도는 갑자기 이루어지는 것이 아니므로 주도성 개발을 위해 다음과 같은 훈련과정이 필요합니다.

첫째, 자신의 삶을 책임지는 마음을 가집니다.

둘째, 자신의 감정과 생각을 자유롭게 표현하도록 연습합니다.

셋째, 사람들의 의견을 참고하되 그들의 반응에 좌우되지 않고 미래 결과를 예측하면서 스스로 결정을 내리며 그 결과를 책임지는 연습을 합니다.

💗 주도적인 행동은 무엇인지 정리해보고 나누어 봅시다.

💗 주도적인 행동을 하기 위해 어떻게 노력하시겠는지요?

5. 주도성의 모델

1) 빅터 프랭클

빅터 프랭클(Victor Frankl)은 정신과 의사이자 유태인이었습니다. 그는 나치 독일의 유태인 수용소에 갇혀 있을 때 사람의 상식으로는 상상조차 할 수 없는 비참한 일들을 경험했습니다. 그의 부모, 형제와 부인은 수용소에서 죽거나 가스실로 보내졌습니다. 여동생을 제외한 모든 가족이 몰살당한 것입니다. 프랭클 자신도 언제 가스실로 보내질지 한 치 앞도 모른 채 고문과 모욕으로 고통을 받았습니다.

어느 날 그가 작은 감방에 발가벗겨진 채로 홀로 있을 때 자신이 후에 '인간이 가진 가장 마지막의 자유, 나치들도 빼앗아 가져갈 수 없는 자유'라고 명명한 상태를 자각하기 시작했습니다. 나치들은 그의 주변 환경 전체를 통제하고 원하는 대로 그의 육체를 다룰 수 있었지만, 프랭클은 자신의 상태를 관찰자의 입장에서 바라볼 수 있는 상태가 되었던 것입니다. 수용소에서 일어나는 일들에 영향 받고 안 받고의 여부는 자기 마음대로 결정할 수 있음을 깨달은 것입니다. 자신에게 일어나는 모든 것, 즉 자극과 반응 사이에서 반응을 선택할 수 있는 자유, 즉 선택할 수 있는 인격의 힘을 자각하게 된 것입니다.

이것을 깨닫고 프랭클은 자신이 죽음의 강제수용소에서 풀려난 후 제자들을 가르치는 것과 같은 다른 상황을 상상해 보곤 하였습니다. 그는 마음의 눈을 통해 강의실에 서 있는 자신을 들여다보고, 자신이 강제수용소에 있는 동안 지독한 고문을 통해 얻은 교훈을 학생들에게 가르치는 모습을 그려 보았습니다. 그는 기억력과 상상력을 이용하여 정신적, 감정적, 도덕적인 각종 분야를 생각해 가면서 겨우 싹튼 작은 마음의 자유를 점점 크게 만들었습니다. 그리하여 마침내 그를 수감하고 있던 나치 감시자들보다 더 큰 마음의 자유를 얻게 되었습니다.

이러한 내적인 자유와 힘으로 그는 주위에 있는 동료 수감자뿐만 아니라 몇몇 감시병도 감화시켰습니다. 그는 또 다른 사람들이 수감 중에 받는 고통의 의미를 깨닫고 인간으로서의 존엄성을 찾을 수 있도록 도와주었습니다.

프랭클은 상상할 수도 없는 가장 치욕적인 상황에서 자아의식이라는 하나님이 주신 인간의 천부적인 능력을 사용하여, 인간의 본성에 대한 기본적인 원칙인 '자극과 반응 사이에는 선택할 수 있는 자유(인격적인 존엄)가 있다.' 는 사실을 발견해 낸 것입니다.

2) 요셉

요셉은 17세까지 평범한 삶을 살았습니다. 그는 낮은 계급의 양치기였고 아버지의 더 큰 인정과 관심을 얻기 위해 형제의 허물을 고자질하여 사람 사이를 이간질하는 악한 성향도 있는 사람이었습니다. 요셉의 성장 환경은 복잡하였습니다. 그의 아버지 야곱은 네 명의 여자와 살았고 열 두 명의 아들과 한 명의 딸을 낳았습니다. 그런데 아버지는 요셉을 편애하였기 때문에 형제간에는 갈등, 질투,

미움, 복수가 끊이지 않았으며, 대량 학살까지 있는 문제 가정 속에서 고통스럽게 성장했습니다.

그러나 그가 남달랐던 것은 17세에 하나님이 그에게 주신 꿈을 보고 그 꿈을 기억하면서 꿈을 세우기 위해 주도적으로 노력한 점입니다. 하지만 현실 속의 삶은 꿈과는 정반대로 다른 형제들의 미움을 받아 노예로 팔리게 되었습니다. 이런 비참하고 절망적인 상황 속에서도 그는 자극과 반응 사이에 선택할 수 있는 자유의 공간, 그 마음의 성소에 하나님에 대한 신앙과 꿈을 가지고 그에게 주어진 삶을 긍정적으로 수용하였습니다.

그는 애굽 왕 바로의 시위대장인 보디발의 집에서 노예로 살았지만 아주 뛰어난 적응 능력을 보여 그 가정의 총무가 되었습니다. 주인은 요셉을 신임하였고, 요셉은 맡겨진 일은 주인이 돌아보지 않아도 될 만큼 일처리를 잘하였습니다. 이때에 보디발의 부인이 요셉을 유혹했습니다. 요셉은 정중히 거절하였지만 마음에 상처를 입은 부인은 요셉을 강간범으로 고발하여 또 한 번 죽음의 위기를 겪게 되었습니다.

요셉은 이러한 고난을 통해서 어떤 환경에서도 살아남을 수 있는 생존능력을 갖게 되었습니다. 그뿐 아니라 요셉은 맡겨진 일을 훌륭하게 처리해내는 지혜로운 실력자가 되었고 온갖 억울함 속에서도 하나님을 바라보는 순전하고 깊은 영성을 소유하게 되었습니다.

요셉의 생애가 감명을 주는 것은 단순히 그가 13년의 고통스런 시간을 견뎌 낸 것 때문이 아닙니다. 그는 시련과 역경의 현실 속에 함몰된 삶을 사는 것이 아니라 비전과 사명을 가지고 현실을 다룰 수 있는 마음의 여유를 갖고 있었던 것입니다. 그래서 현실에 최선을 다하였고 하나님과 교통하는 깊은 기도와 말씀 묵상으로 미래를 준비할 수 있었습니다. 그는 복수의 칼이 아닌 사랑의 눈물을 흘리며 비전의 씨를 뿌렸습니다.

준비된 실력자 요셉은 감옥에서 나와 애굽의 총리가 되었습니다. 요셉이 국무총리가 된 지 7년이 지나 형제들을 만나게 됩니다. 그는 많은 세월을 기다렸습니다. 20년 만에 만난 요셉과 그의 형제들 사이에는 너무나 많은 차이가 있었습니다. 요셉의 인격은 무르익었고 그의 지도력은 온 세계를 다스릴 만큼 탁월하였습니다. 요셉은 형들을 용서하며 하나님의 사랑과 지혜로 그들을 위로하였고 애굽 땅의 제일 좋은 곳을 그들에게 안식처로 주었습니다.

그의 삶은 흐르는 물과 같았습니다. 막히면 그 자리에 서고, 길이 열리면 나아갔습니다. 오해하면 오해받았고, 무시하면 무시당했고, 버리면 버림을 받았습니다. 그러나 결코 환경의 노예가 되지는 않았습니다. 꿈을 가슴에 품고 당당하게 자기 길을 걸어간 그는 주도적인 인생을 살았습니다.

💜 위 두 사람의 삶을 보면서 어떤 생각과 느낌이 드는지 나누어 봅시다.

6. 주도적인 말

사람은 말과 사고와 감정, 그리고 행동의 일관성을 유지하는 유기체적인 성향이 있습니다. 그러므로 의존적인 말(대응적인 말)이 갖는 심각한 문제는 바로 이 말이 씨가 되고 예언이 된다는 점입니다. 다시 말해 자신의 운명은 이미 결정됐다는 패러다임을 강화시키고 숙명론을 정당화하는 것입니다.

이러한 삶의 태도는 자신의 인생이나 운명에 대한 책임을 상실하게 할 뿐만 아니라 점차 피해의식을 갖게 하고 스스로에 대한 통제력을 상실하게 합니다. 이런 말을 하는 사람들은 자신이 처한 상황이나 여건을 다른 사람, 주위 환경, 심지어는 운명의 탓으로 돌립니다. 따라서 주도적으로 말하고 생각하는 훈련을 하는 것은 삶을 세워나가는 기본적인 훈련입니다.

〈 표 1 〉 의존적인 말과 주도적인 말

의존적인 말	주도적인 말
나는 더 이상 아무 것도 할 수 없어.	자, 새로운 대안을 찾아보자.
내가 할 수 있는 것은 이것이 전부야.	다른 새로운 방법이 있어.
그 사람 때문에 미치도록 화가 나.	내 감정의 주인은 나 자신이니까 감정을 조절해 보자.
사람들이 내 말을 듣지 않을 거야.	최선을 다해 효과적으로 설득해 보도록 하자.
나는 이 일을 하기가 싫어.	이 일은 내 일이니까 나는 이 일을 하기로 선택할 거야.
… 해야만 해(당위성).	내가 그것을 원해(주도성).
만일 이것을 안 할 수만 있다면 ….	내가 이것을 하기로 결정했어.

♥ 〈 표 1 〉을 보면서 내 안에는 어떤 의존적인 말이 있는지 찾아보고 그것을 주도적인 말로 바꾸는 연습을 해봅시다. 그런 후 심정이 어떤지 나누어 봅시다.

활동 (30-40분)

1. 자존감 확인

주도성에 있어서 자존감이 중요합니다. 자존감은 자신의 존재가 귀하고 소중하며 가치 있다고 여기는 마음과 태도입니다. 나의 자존감 지수는 얼마나 되는지 점검해봅시다(이 자존감 지수는 절대적이지 않습니다). 아래 문항을 읽고 오른쪽에 표시된 1, 2, 3, 4 중 여러분의 느낌을 나타내는 숫자에 표시하십시오. 점수가 높을수록 많이 느끼는 것입니다. 맞거나 틀리는 답이 없으므로 솔직한 자기 느낌 그대로를 답하는 것이 중요합니다.

	질 문				
1	나는 하나님과 사람들에게 가치가 있는 사람이라고 느낀다.	1	2	3	4
2	나는 여러 가지의 장점을 갖고 있다.	1	2	3	4
3	나는 나에 대해 자신감을 갖고 있다.	1	2	3	4
4	나는 자랑할 것이 많은 사람이라고 느낀다.	1	2	3	4
5	나는 대체로 나 자신에 대해 만족한다.	1	2	3	4
6	나는 나 자신에 대해 생각할 때마다 쓸모있는 사람이라고 느낀다.	1	2	3	4
7	나는 나 자신에 대해 긍정적인 태도를 가지려 한다.	1	2	3	4
8	대체로 나는 내 인생이 성공이라고 느낀다.	1	2	3	4

채점: 답한 숫자를 모두 가산하십시오.

분석

- **8-16점** : 자신에 대해 대체로 부정적이며 있는 그대로의 자신을 받아들이지 못합니다. 어떤 일도 감당하기 어려우며 인격치료가 필요합니다.
- **17-23점** : 다른 사람이 자신에 대해 평가하는 말과 분위기에 민감하게 영향을 받는 편입니다. 자기를 주체적으로 세워야 합니다.
- **24-32점** : 자신에 대해 대체로 만족하며 스스로의 현재 모습 그대로를 받아들입니다. 그러나 자기 확신이 지나쳐 독선과 교만에 빠질 가능성이 있습니다. 자신의 악이 사람들과의 관계 속에서 순수성과 투명성에 영향을 미치고 있지 않은지 늘 점검해야 합니다.

> 마음에 상처가 많고 고통이 많은 사람들은 삶의 여러 부분에서 자유롭지 못하고 경직된 사고를 하기 쉽습니다. 그들은 자신의 상처 때문에 스스로를 괴롭히는 일이 많습니다. 자학하며 자기 연민에 빠지고 자신을 자해할 뿐 아니라 배우자와 자식을 때리기도 합니다. 이런 극단적인 모습까지는 없다 할지라도 부분적으로 부정적인 모습이 있다면 그만큼 삶이 힘들어집니다.
>
> 자존감을 높이기 위해서는 이런 과거지향의 삶을 청산하고 현재 하나님의 사랑 가운데 있는 자기를 있는 그대로 수용해야 합니다. 이것이 실제가 되려면 하나님의 사랑을 체험하는 것과 그 사랑을 나누는 사랑의 연습이 계속 필요합니다.

💗 자신의 자존감 지수를 보며 느껴진 것은 무엇입니까? 또한 현재 생활에서 주도적이지 못한 부분은 무엇인지 나누어 보고 이 강을 배우면서 어떻게 주도적인 말과 생각과 행동을 할 수 있을지 연습해 봅시다.

2. 주도성 연습

이 공부를 하면서 마음속에 떠올랐던 것, 즉 어떤 느낌이나 생각이라도 억제하지 말고 자신의 생각이나 느낌을 있는 그대로 표현해보는 연습을 해 봅시다.

다른 멤버가 나를 어떻게 볼 것인가, 이렇게 행동하면 바람직한가, 효과적인가, 인정받을 만한가, 배척받을 것인가 등의 생각에 방해받지 않고, 있는 그대로의 자기 생각과 느낌을 말로 표현해 보도록 합니다. 이때 상대방을 배려하면서 앞에서 배운 주도적인 말을 사용합니다. 이렇게 한 다음 서로에 대한 느낌과 생각들을 자유롭게 나누고 교훈과 깨달음이 무엇인지 나누어 봅시다.

마무리(10분)

이 강에서는 주도성에 대해 배우고 주도적으로 말하고 생각하는 훈련을 통해 자신의 삶을 책임지고 세워나가도록 연습했습니다.

💜 강의와 활동을 통하여 각자 새롭게 깨닫고 느낀 것이 무엇인지 나누어 봅시다.

기도(5분)

오늘 하루 좋은 만남을 주신 하나님께 감사하고 동료들에게 축복을 빕니다.

주님, 주도적인 삶을 살기를 원하오니 오늘의 배움을 통해 주도성이 내면으로부터 시작되도록 나를 붙들어 주십시오. 이제 타인의 영향에 무조건 반응하기보다 책임지는 마음으로 선택하는 삶을 살겠습니다. 다른 사람을 섬기며 사랑하는 법을 배우며 실천하겠습니다. 은혜를 부어 주시길 원합니다. 사랑의 주 예수 그리스도의 이름으로 기도합니다. 아멘.

3강
자각 훈련

3강 자각 훈련

목표 : 자각을 통하여 자기 자신, 타인, 하나님과 만나게 합니다. 이를 통해 삶의 깨달음을 얻고, 하나님의 청지기로서 자기를 잘 관리하여 하나님이 원하시는 건강하고 주도적인 삶을 사는 법을 경험케 합니다.

현재 심정 나누기 (10-20분)

모임을 시작하면서 느껴지는 심정을 진솔하게 나누어 봅시다. 말하는 분은 자신의 심정을 잘 느끼면서 사고로 통합하여 말하며, 듣는 분은 상대방의 이야기에 집중하고 경청하여 그의 심정을 잘 듣고 긍정적으로 피드백합니다.

목표 제시 (5분)

이 강의 목표와 주제 말씀을 다 같이 읽고 그 의미가 무엇인지 생각해 봅시다.

주제 말씀

저희는 알지도 못하고 깨닫지도 못하여 흑암 중에 왕래하니 땅의 모든 터가 흔들리도다(시 82:5)

●●● 의미: '저희'는 재판장들을 가리킨다. 이는 재판장들이 하나님의 공의로우신 뜻과 말씀을 알지도 깨닫지도 못한 상태에서 이 세상의 질서를 무질서와 혼돈으로 이끄는 안타까운 상태를 지적하는 것입니다. 따라서 지도자들은 바르게 알고 깨달음으로 빛과 소금의 역할을 잘 감당하도록 촉구하고 있습니다.

나눔 (30-40분)

여기에 있는 내용을 한 단락씩 나누어 읽어가며 그때 들은 생각이나 깨달음, 느낌 등을 자연스럽게 이야기합니다. 그리고 각 내용에 따라 제시된 질문을 보고 진솔하게 나눕니다.

1. 자각의 개념

자각이란 현재 자신의 신체적 상태나 느낌 또는 사고가 어떠한 상태에 있는가를 스스로 인식하는 것을 말합니다. 즉 개체가 자신의 삶에서 현재 일어나고 있는 중요한 현상들을 방어하거나 피하지 않고, 있는 그대로 지각하고 체험하는 행위를 뜻하는 것입니다.

자각은 지금 이 순간에 중요한 자신의 욕구나 감각, 감정, 생각, 행동, 신앙과 믿음, 환경, 그리고 자신이 처한 상황, 하나님의 뜻 등을 알아차리는 것입니다. 또 자기 행동의 주체가 자기 자신이라는 것과 특정 상황에서 자신이 선택할 수 있는 행동반응과 타인의 욕구와 그 영향, 그리고 하나님의 뜻과 시대를 향한 계시의 말씀 등을 아는 것 등도 자각에 해당합니다.

야곱이 이스라엘이 되어서 그의 생애 말년에 보여 준 통합된 삶에서 자각을 볼 수 있습니다. 그는 자신의 수많은 죄성과 욕망 때문에 스스로 고난을 자청했습니다. 그러나 하나님의 은혜로 자기의 모든 것을 수용하면서 회개의 제물을 드리고자 벧엘로 올라갑니다(창 35:1-5). 이러한 삶의 여정은 야곱에게 자기 부여조(아브라함, 이삭)보다 더 깊은 하나님과의 만남을 체험케 하였고, 영성에서 나오는 신적 통찰력과 하나님의 섭리를 볼 수 있는 우주적인 시각을 갖게 하였습니다. 그리하여 그는 자손들을 향해 각 사람에게 맞는 예언적 축복을 빕니다. 그는 나이가 들어서 육신의 눈은 보이지 않아도 영적인 눈으로 밝히 보고 요셉의 큰 아들과 작은 아들에게 각각 왼손과 오른손을 어긋맞게 얹어 안수함으로써 빌어야할 복의 내용을 놓치지 않습니다. 최고의 권력자인 바로 왕 앞에서도 흔들리지 않는 초연함과 당당함으로 그를 향해 복을 빌어주는 제사장적인 야곱의 모습은 자각을 통해 이루어진 것입니다. 그는 죽음을 넘어 영원을 바라보는 인격과 영성으로 한 마디, 한 걸음, 행동 하나하나마다 자신, 하나님, 우주와의 만남을 의식 안에서 자각하고 통합하는 신비로운 삶의 모습을 보여 주었습니다. 이것이 그리스도인의 자각의 모습입니다.

♥ 위 글을 읽고 자각에 대해 알게 된 것을 나누어 봅시다.

♥ 창세기 35장의 말씀을 자세히 살펴보면서 야곱의 영적 자각 수준이 어느 정도까지 이르렀는지 그 증거를 찾아봅시다.

2. 자각의 종류

자각의 종류는 다음과 같이 9가지로 나눌 수 있습니다.

1) 신체감각 자각

신체감각은 자신의 신체가 어떠한 상태에 있는지 알아차리는 것입니다. 신체감각은 많은 경우 욕구나 감정 자각과 연결되어 있는 경우가 많습니다.

자신의 감정은 편안한 것 같지만 신체가 긴장된 것이 느껴진다면 그때의 신체감각은 긴장된 것이며 감정은 편안함보다는 불안한 감정일 가능성이 높습니다. 신체감각을 자각하는 것은 욕구나 감정을 자각하는 데 도움을 줍니다.

예) 오 집사는 오랫동안 시어머니에 대한 미움을 누르고 살아왔습니다. 그러나 그녀는 그 미움 때문에 신체가 항상 긴장되어 있음을 자각하지 못합니다.

2) 욕구 자각

자신이 원하는 것이 무엇인지 명확히 알지 못하면 행동의 목표를 상실하고 혼란에 빠집니다. 사람들은 욕구를 해소하려고 각종 행동을 하기 때문입니다. 그러나 실제 많은 사람들은 자신이 원하는 것이 무엇인지 잘 모른 채 살아갑니다. 그것은 그들이 성장과정에서 자신의 욕구를 자각하고 표현하는 것에 대해 주위로부터 부정적인 반응을 받았거나 심지어는 죄악시 당한 경험이 있기 때문입니다. 이러한 사람들은 오랫동안 자신의 욕구를 억압하고 타인의 기대나 도덕적 기준에 의해서만 행동해왔기 때문에 진정한 욕구를 자각하는 것이 쉽지 않습니다.

예) 최 집사는 어렸을 때 매우 가난한 집에서 자랐기 때문에 추위와 배고픔을 참는데 익숙해져 있습니다. 지금은 조그만 회사의 사장이지만 사무실에서 늦도록 일을 하면서 자주 식사시간을 넘겨버립니다. 그것은 그의 오랜 습관으로 허기를 잘 자각하지 못하기 때문입니다.

3) 감정 자각

감정은 자신의 욕구와 관련하여 주관적으로 체험하는 느낌입니다. 감정은 욕구와 서로 밀접하게 관련되어 있어서 욕구가 성취되었을 때는 좋은 감정을 느끼고 그렇지 못할 때는 불쾌한 감정을 느낍니다. 만일 좋은 감정을 느끼게 되면 그와 관련된 욕구를 긍정적으로 받아들여 그것을 다시 추구하고 싶은 의욕이 생깁니다. 불쾌한 감정을 느끼는 것이 싫어서 그 감정을 억압하거나 회피해버리게 되면 그것이 오히려 문제가 되는 경우가 많습니다.

예) 김 선생은 어릴 적부터 항상 자기를 과잉보호해 온 어머니에 대해 요즘 막연한 분노 같은 것을 느끼게 되었습니다.

4) 환경 자각

환경자각이란 주위 환경에 무엇이 있는지, 어떤 일이 벌어지고 있는지를 자각하는 것입니다. 예컨대, 길을 가다가 길 가운데에 웅덩이가 파인 것을 자각한다든지, 혹은 동네에 새로운 공사판이 생긴 것을 자각하는 것과 같은 것입니다. 실직하여 마음이 상심한 사람은 화창한 봄 날씨와 산들거리며 지나가는 봄바람, 담벼락에 피어 있는 개나리꽃 등을 잘 자각하지 못합니다.

예) 벌써 몇 달 동안 실직상태인 노 집사는 오늘도 구직을 나갔다가 헛걸음을 하고 집으로 돌아오는 중입니다. 수심에 잠긴 채 걷고 있는 그는 화창한 봄 날씨와 담벼락에 아름답게 피어 있는 개나리꽃, 산들거리며 지나가는 봄바람을 자각하지 못합니다.

5) 상황 자각

이것은 현재 자신이 처한 상황을 있는 그대로 정확히 지각하는 것을 말합니다. 만일 자신에게 호의적인 상황을 악의적인 것으로 잘못 지각하거나 혹은 악의적인 상황을 호의적인 것으로 왜곡하여 지각하는 것은 모두 행동에 부정적인 결과를 초래합니다.

예) 한 형제가 어느 날 모임에 늦었는데, 그가 문을 들어서는 순간 사람들이 "와"하고 웃자 동료들이 자기를 비웃는 것이라 생각하여 벌컥 화를 냈습니다. 그러나 동료들은 그저 재미있는 이야기를 나누며 웃고 있던 상황이었기 때문에 그 형제가 화를 낸 것이 이해가 안되었습니다. 그 형제는 평소에 열등감이 많아 타인이 자기를 업신여기거나 비웃지 않을까 늘 염려해오던 터였기 때문에, 그 상황을 정확히 자각하지 못한 것입니다. 사소한 농담도 자기를 무시하는 소리로 오해하고, 자기에게 모임 연락이 좀 늦게 와도 자신을 소외시킨다고 과민반응을 보인 것입니다.

6) 내적인 힘 자각

이것은 자신이 갖고 있는 힘 또는 행위능력을 자각하는 것을 말합니다. 여기서 힘이란 어떤 일을 할 수 있는 능력이나 어떤 상황을 견딜 수 있는 능력 또는 환경에 영향력을 행사할 수 있는 능력 등을 뜻합니다. 만일 자기는 아무 능력도 없는 가련한 존재인 것처럼 절망적인 심정으로 말하면서 자신을 비관적인 시각으로 보고 있다면 그는 자신의 능력을 쓰고 있지 못하고 힘들게 살아갈 가능성이 많습니다. 이 경우 내적인 힘을 빨리 자각하여 하나님께서 자신에게 허락하신 잠재력을 찾아 계발하도록 도와주어야 합니다.

예) 박 형제는 아버지의 과잉보호를 받으며 자랐기 때문에 자립심이 부족하고 자신감이 없었는데, 심리치료를 통해 자기 자신에게도 자립할 수 있는 힘이 있다는 사실을 자각하게 되었습니다.

7) 접촉경계 혼란 자각

접촉경계 혼란은 지금 이 순간의 관계에서 일어나고 있는 현실을 지각하지 못하여 관계에 혼란을 겪는 것을 말합니다.

예) 어떤 모임에서 김 집사는 친구인 박 집사가 최 집사로부터 공격을 받고 의기소침해지자 자기도 같이 풀이 죽어 혼자 생각에 빠져버렸습니다. 이런 경우,

김 집사의 행동은 박 집사와 융합관계에 있기 때문에 그가 공격을 받자 마치 자기 자신이 공격을 받은 것처럼 느낀 것입니다. 그래서 그는 최 집사와 싸우고 싶었지만 최 집사와 그를 편드는 사람들이 두려웠기 때문에 그 분노감을 억압하느라 우울해진 것입니다.

8) 사고패턴 자각

과거경험이 부정적인 사람의 경우 고정된 사고패턴이 끼치는 악영향이 매우 큽니다. 그들은 현실을 있는 그대로 보고 판단하는 것이 아니라 과거 자신의 부정적인 경험으로 지각하기 때문에 환경과의 올바른 교류를 할 수가 없습니다. 그들은 현재 아무리 긍정적인 사건이 발생해도 그것을 긍정적으로 지각하지 못하고, 고정된 패턴에 따라 부정적 시각으로 처리해 버리기 때문에 좌절경험이 많아지게 되고, 따라서 그는 자신감을 상실하고 우울감에 빠지게 되는 것입니다.

예) 부정적인 사고패턴의 예를 들면 "열심히 해봤자 결과는 뻔해", "어차피 안 될 텐데 뭐", "나에게는 사람들을 끌만한 매력이 없어", "사람들은 모두 나를 싫어해", "내가 하는 일은 항상 제대로 된 적이 없어", "산다는 것은 어차피 아무런 의미가 없어" 등등 수없이 많습니다.

9) 행동패턴 자각

접촉경계 혼란 행동이 반복되어 습관적으로 굳어질 때 그것은 행동패턴으로 굳어집니다. 냉정한 부모에게서 사랑을 받지 못하고 자란 사람이 그 부모의 사랑을 받으려고 온갖 노력을 다하는 것은 충족되지 못한 애정욕구를 충족 받고 싶어서 나타나는 행동이라 할 수 있습니다. 이런 경우 항상 착하고 누구에게나 친절하면서 자신의 욕구를 억누르는 등 타인의 요구에만 자기를 맞추는 형식으로 행동이 패턴화됩니다.

예) 자매는 어릴 때 어머니로부터 남자 형제들과 심한 차별대우를 받으며 자랐습니다. 지난 몇 년간 그녀는 남자와 교제를 하다가 자기도 모르게 어느 정도 사이가 가까워지면 관계를 끊어버리는 행동을 되풀이해왔습니다. 그녀는 자신의 이러한 행동패턴을 자각하지 못하고 있습니다.

🩶 자각의 내용을 보면서 자신의 경우에는 어떤 자각이 잘 되며, 잘 되지 않는 자각은 무엇인지 살펴보고 나누어 봅시다. 그리고 그 이유도 생각해 봅시다.

3. 자각의 유익

첫째, 자각이 이루어지는 영역만큼 진정한 자기 통제력이 이루어지며 주인
　　　의식을 갖게 됩니다.
둘째, 인생과 우주를 보는 시각이 열려 삶과 역사를 보는 시각이 새로워지며
　　　자신이 원하는 대로 삶을 이끌 수 있습니다.
셋째, 자기조절이 가능하게 되어 삶 속에 덕과 인격, 아름다움과 멋을 추구할
　　　수 있습니다.
넷째, 모든 사람에게 존경받는 지도자로 남을 도우며 살 수 있습니다.

　다윗이 극심한 위기에 빠졌을 때 사람들은 "지금 악인들의 화살이 활시위에 놓여 있다. 빨리 산으로 도망가라…" (시편 11편 2절)며 속히 위기에서 피할 것을 강권하였습니다. 그러나 다윗은 "나는 하나님께 피하겠다."라는 믿음의 결단으로 위기를 극복하였습니다. 이러한 결단은 다윗이 인생과 우주를 보는 영적시각을 가지고 자신의 삶을 바라봤기 때문에 가능했습니다. 이것이 바로 자신의 모습을 철저하게 자각한 사람들이 얻는 축복입니다.

　♡ 위기 앞에서 자신을 하나님께 맡기는 사람만이 다시 일어설 수 있는 능력을 회복할 수 있는데 이것이 자각의 유익입니다. 당신이 위기 가운데 빠져 있을 때 다윗처럼 하나님께 피하고 맡길 수 있으시겠는지요? 만약 그렇지 않다면 나의 마음을 생각해 보고 나누어 봅시다.

활동(30-40분)

1. 자각 표현 연습

이 강을 공부하면서 자신의 생각과 느낌 등을 자각하여 나누어 봅시다(매우 긴장하고 있는 자신, 편안한 자신, 생각에 잠겨 있는 자신, 시선을 다른 집단원이나 지도자에게 돌리고 있는 자신, 지루하게 느끼거나 흥미 있게 느끼는 것 등).

자각을 표현하기 위해서는 자신에 대하여 제3자적 시각으로 표현하는 것이 도움이 됩니다. 예를 들어 "나는 ----한 것을 자각합니다." 또는 "--한 것을 느낍니다.", "나는 --- 하고 싶음을 알게 되었습니다." 와 같이 자각의 언어로 연습을 해야 자각이 잘 될 수 있습니다.

< 예 >

자각의 종류	예
신체자각	나는 공부를 할 때 신체가 긴장되고 있음을 느꼈습니다. 왜 이렇게 긴장하고 있나 살펴봤더니 공부를 잘해서 인정받고 싶은데 이것이 어렵다는 생각이 들자 긴장하고 있음을 알게 되었습니다.

< 나의 경우 >

자각의 종류	예

2. 욕구자각 연습

"나는 지금 무엇을 하고 싶다."라는 문장을 써봅시다. 이때 너무 막연하고 추상적인 표현을 하지 않도록 주의합니다.

예를 들면, "나는 사랑받기를 원한다.", "나는 존경 받기를 원한다.", "나는 성공하고 싶다."는 등의 표현 보다 구체적이고 분명한 욕구를 자각하여 제3자적으로 표현해 봅니다.

또, "나는 신체적으로 피곤하여 쉬고 싶어하는 나를 자각합니다.", "나는 분노로 몸이 떨림을 느낍니다.", "나는 선생님께 인정받고 싶은 욕구를 깨닫습니다."와 같이 구체적이고 분명한 욕구를 자각하고 표현해 봅시다.

1. 나는 _____ 느낍니다.
   (자각합니다, 있습니다.)

2. _____

3. _____

마무리(10분)

이 강에서는 자각에 대해 배우고 자각하는 연습을 통해 자신과의 진정한 만남, 더 나아가 자신과 하나님과의 진정한 만남을 가져보는 시간을 가져보았습니다.

💜 이 강을 공부하면서 깨달은 내용이나 소감을 나누어 봅시다.

기도(5분)

오늘 하루 좋은 만남을 주신 하나님께 감사하고 동료들에게 축복을 빕니다.

사랑의 주님, 내 안에 나도 모르는 감정들과 욕구들을 보았습니다. 내 내면의 모습들을 바로보고 진정한 만남을 가져 하나님께서 만들어주신 나의 소중한 모습들을 진실하게 마주할 수 있도록 도와주세요. 내 안의 고정된 가치관이나 행동, 사고패턴, 영적 왜곡이 있다면 자각하여 주님 앞에 내려놓고 새롭게 거듭나도록 은혜 베풀어주시기를 원합니다. 언제나 풍성한 사랑의 주 예수 그리스도의 이름으로 기도드립니다. 아멘.

4강
직면훈련

4강 직면 훈련

목표 : 직면훈련을 통해 자신의 악과 연약함을 수용하며 이를 극복하고 문제해결 능력을 키우도록 합니다.

현재 심정 나누기 (10-20분)

모임을 시작하면서 느껴지는 심정을 진솔하게 나누어 봅시다. 말하는 분은 자신의 심정을 잘 느끼면서 사고로 통합하여 말하며, 듣는 분은 상대방의 이야기에 집중하고 경청하여 그의 심정을 잘 듣고 긍정적으로 피드백합니다.

목표 제시 (5분)

이 강의 목표와 주제 말씀을 다 같이 읽고 그 의미가 무엇인지 생각해 봅시다.

주제 말씀
나단이 다윗에게 이르되 당신이 그 사람이라 (삼하12:7)

● ● ● 의미 : 대부분의 사람들은 자신의 잘못이나 악을 알지 못하며, 알고 있다 하더라도 간과해 버리는 경우가 많습니다. 믿음의 조상인 다윗 역시 큰 죄를 지었음에도 그것을 깨닫지 못하여 나단 선지자를 통해 직면을 받습니다. 직면은 자신이 보지 못하고 있는 악이나 맹점을 보도록 일깨움으로써 회개하고 겸손을 회복하여 하나님의 자녀로 살아가도록 돕는 사랑의 행위입니다.

나눔 (30-40분)

여기에 있는 내용을 한 단락씩 나누어 읽어가며 그때 들은 생각이나 깨달음, 느낌 등을 자연스럽게 이야기합니다. 그리고 각 내용에 따라 제시된 질문을 보고 진솔하게 나눕니다.

1. 직면의 개념

직면이란 사람을 돕고자 하는 선한 동기를 가지고 상대방이 미처 보지 못하고 있는 자신의 문제를 볼 수 있도록 깨우침을 주는 것입니다. 즉 자기의 문제 상황에 묶여 성숙한 삶을 살지 못하게 하는 기존의 문제가 되는 사고와 행동 양식을 변화시킬 수 있도록 정직한 일깨움을 주는 것입니다. 이것은 직면하는 사람이 상대방의 허락을 얻어 사랑의 용기를 내보는 것입니다. 이러한 직면은 하나님의 자녀로서 온전하신 예수님의 모습을 닮아가도록 상대방을 돕는 과정이라 할 수 있습니다.

직면은 사람들이 자신의 문제 상황에 대해 더욱 객관적 시각을 가지도록 서로 권하며(롬 15:14) 지혜로 피차 가르치며 권면하는 것입니다(골 3:16). 그래서 일관되지 않거나 불일치한 행동을 교정하여 스스로 자기 삶을 책임지게 하는 것입니다.

직면에는 자기직면과 타인직면이 있습니다. 자기직면은 자기 스스로 주도성을 가지고 문제를 인식하며 고치기로 결단하는 것입니다. 타인직면은 자신의 문제점을 인식하지 못하거나 외면하고 있을 때 다른 사람이 사랑의 마음을 가지고 그의 문제점을 보게 해 주는 것입니다.

직면이 필요한 영역을 세 가지로 나눌 수 있는데 그것은 역기능적 정신 자세,

자기 제한적인 내적 행동, 그리고 외적인 문제 행동입니다. 이러한 것들이 바로 맹점입니다. 맹점이란 사람들이 보지 못하거나 보려고 하지 않는 자기 제한적인 사고 및 행동 양식을 말합니다.

이러한 문제들을 고치고 변화시키기 위해서는 다음과 같이 해야 합니다.

첫째, 성숙한 그리스도인으로 살지 못하게 하는 자기 제한적인 정신 자세와 역기능적 시각이 자신 안에 얼마나 있는지 찾아보도록 합니다.

둘째, 비합리적이며 자기 제한적이고 자기 패배적인 '내적 행동'들을 바꾸기 위한 결심을 합니다.

셋째, 자기 패배적인 외적 행동들에 대해 도전하며 변화시키기 위한 구체적인 생각과 행동을 실천합니다.

💗 직면이 무엇이며 직면이 왜 사랑의 행위가 되는지 알아보고 나누어 봅시다.

💗 로마서 15장 14절, 골로새서 3장 16절 말씀에서 직면을 어떻게 이야기하고 있는지 찾아봅시다.

롬 15:14) 내 형제들아 너희가 스스로 선함이 가득하고 모든 지식이 차서 능히 서로 권하는 자임을 나도 확신하노라

골 3:16) 그리스도의 말씀이 너희 속에 풍성히 거하여 모든 지혜로 피차 가르치며 권면하고 시와 찬송과 신령한 노래를 부르며 감사하는 마음으로 하나님을 찬양하고

2. 성경에서 보는 직면의 예

성경에 나온 타인 직면의 예를 한 번 살펴봅시다.

1) 다윗의 예

사무엘하 12장 1절에서 17절에는 나단이 다윗의 범죄에 대해 직면하는 내용이 나오는데 그 과정을 살펴보면 다음과 같습니다.

사무엘하 12장 1절-17절
1) 여호와께서 나단을 다윗에게 보내시니 와서 저에게 이르되 한 성에 두 사람이 있는데 하나는 부하고 하나는 가난하니
2) 그 부한 자는 양과 소가 심히 많으나
3) 가난한 자는 아무것도 없고 자기가 사서 기르는 작은 암양 새끼 하나뿐이라 그 암양 새끼는 저와 저의 자식과 함께 있어 자라며 저의 먹는 것을 먹으며 저의 잔에서 마시며 저의 품에 누우므로 저에게는 딸처럼 되었거늘
4) 어떤 행인이 그 부자에게 오매 부자가 자기의 양과 소를 아껴 자기에게 온 행인을 위하여 잡지 아니하고 가난한 사람의 양 새끼를 빼앗아다가 자기에게 온 사람을 위하여 잡았나이다
5) 다윗이 그 사람을 크게 노하여 나단에게 이르되 여호와의 사심을 가리켜 맹세하노니 이 일을 행한 사람은 마땅히 죽을 자라
6) 저가 불쌍히 여기지 않고 이 일을 행하였으니 그 양 새끼를 사배나 갚아 주어야 하리라
7) 나단이 다윗에게 이르되 당신이 그 사람이라 이스라엘의 하나님 여호와께서 이처럼 이르시기를 내가 너로 이스라엘 왕을 삼기 위하여 네게 기름을 붓고 너를 사울의 손에서 구원하고
8) 네 주인의 집을 네게 주고 네 주인의 처들을 네 품에 두고 이스라엘과 유다 족속을 네게 맡겼느니라 만일 그것이 부족하였을 것 같으면 내가 네게 이것 저것을 더 주었으리라
9) 그러한데 어찌하여 네가 여호와의 말씀을 업신여기고 나 보기에 악을 행하였느뇨 네가 칼로 헷 사람 우리아를 죽이되 암몬 자손의 칼로 죽이고 그 처를 빼앗아 네 처를 삼았도다
10) 이제 네가 나를 업신여기고 헷사람 우리아의 처를 빼앗아 네 처를 삼았은즉 칼이 네 집에 영영히 떠나지 아니하리라 하셨고

11) 여호와께서 또 이와 같이 이르시기를 보라 내가 너와 네 집에 재앙을 일으키고 내가 네 눈앞에서 네 아내를 빼앗아 네 이웃들에게 주리니 그 사람들이 네 아내들과 더불어 백주에 동침하리라
12) 너는 은밀히 행하였으나 나는 온 이스라엘 앞에서 백주에 이 일을 행하리라 하셨나이다 하니
13) 다윗이 나단에게 이르되 내가 여호와께 죄를 범하였노라 하매 나단이 다윗에게 말하되 여호와께서도 당신의 죄를 사하셨나니 당신이 죽지 아니하려니와
14) 이 일로 말미암아 여호와의 원수가 크게 비방할 거리를 얻게 하였으니 당신이 낳은 아이가 반드시 죽으리이다 하고
15) 나단이 자기 집으로 돌아가니라 우리아의 아내가 다윗에게 낳은 아이를 여호와께서 치시매 심히 앓는지라
16) 다윗이 그 아이를 위하여 하나님께 간구하되 다윗이 금식하고 안에 들어가서 밤새도록 땅에 엎드렸으니
17) 그 집의 늙은 자들이 그 곁에 서서 다윗을 땅에서 일으키려 하되 왕이 듣지 아니하고 그들과 더불어 먹지도 아니하더라

나단이 다윗을 직면하는 과정을 봅시다.
- 나단은 다윗을 찾아가 부드럽게 접근합니다. 부자가 가난한 자를 착취하는 이야기를 하며 다윗이 밧세바를 취한 자신의 문제를 볼 수 있도록 사랑의 마음으로 기회를 줍니다(12:1-4).
- 나단의 이야기를 들은 다윗은 객관적인 판단으로 부자의 악한 행위를 분노하며 부자를 처벌할 것을 명합니다(5-6절).
- 나단은 다윗이 한 말을 받아서 다윗이 마음 깊은 곳에서 인식하기 싫어하여 보지 못한 악을 보게 합니다(7-8절). 그리고 하나님의 아픈 마음과 사랑의 채찍에 대하여 들려줍니다(8-9절). 그뿐만 아니라 지도자로서 공적인 죄를 범하였기에 공개적인 죄를 묻는 하나님의 심판을 들려줍니다(10-12절). 다윗은 직면을 수용하고 회개합니다. 그는 우리아의 아내인 밧세바를 취한 자신의 악을 인정하고(13절) 자신의 죄에 대해 중심으로 회개합니다.
- 나단은 그를 위로하고 격려합니다(14절).
- 직면을 받은 다윗은 철저히 자신의 삶을 돌아보고 금식하면서 악에 대해

돌이키는 모습을 보여주고 있습니다(16-17절).

💜 사무엘하 12장 1-17절을 다시 한 번 자세히 읽어보십시오. 여기에서 직면하는 나단 선지자와 하나님, 그리고 직면을 받는 다윗을 보면서 어떤 마음이 드시는지요?

2) 사울의 예

💗 역대상 10장 13-14절 말씀을 살펴봅시다.

13) 사울이 죽은 것은 여호와께 범죄하였기 때문이라 그가 여호와의 말씀을 지키지 아니하고 또 신접한 자에게 가르치기를 청하고 14) 여호와께 묻지 아니하였으므로 여호와께서 그를 죽이시고 그 나라를 이새의 아들 다윗에게 넘겨주셨더라

사울의 예를 보면서 그가 왜 하나님께 버림받는 왕이 되었는지 살펴보고 이에 대한 깨달음을 나누어 봅시다.

3) 보편적 인간의 예

💗 로마서 1장 28-32절 말씀을 읽어봅시다.

28) 또한 그들이 마음에 하나님 두기를 싫어하매 하나님께서 그들을 그 상실한 마음대로 내버려두사 합당하지 못한 일을 하게 하셨으니
29) 곧 모든 불의, 추악, 탐욕, 악의가 가득한 자요 시기, 살인, 분쟁, 사기, 악독이 가득한 자요 수군수군하는 자요
30) 비방하는 자요 하나님의 미워하시는 자요 능욕하는 자요 교만한 자요 자랑하는 자요 악을 도모하는 자요 부모를 거역하는 자요
31) 우매한 자요 배약하는 자요 무정한 자요 무자비한 자라
32) 저희가 이같은 일을 행하는 자는 사형에 해당하다고 하나님의 정하심을 알고도 자기들만 행할 뿐 아니라 또한 그 일을 행하는 자를 옳다 하느니라

이 말씀을 보면서 나에게 해당되는 것은 무엇인지 살펴봅시다. 나에게 이런 문제점이 많은데도 다른 사람이 이런 모습을 직면하면 화가 나고 인정하기 싫은 현실을 보며 깨달아지는 것은 무엇입니까?

3. 잘못된 직면

직면은 사람을 사랑으로 성숙시키는 것인데 직면을 잘못하면 오히려 역효과가 나서 기분을 상하게 할 때가 많습니다. 잘못된 직면을 살펴보며 버리도록 노력합시다.

1) 비판

비판은 직면이 아닙니다. 주님은 비판을 책망하셨습니다(마 7:1-5). 비판하는 사람들의 특징은 마치 자신은 악이 전혀 없는 것처럼 자신의 문제를 전혀 보지 못하는 경향이 있습니다. 그러므로 그들의 눈은 타인의 허물을 찾을 수밖에 없으며 이들의 심리 저변에는 자기 의와 우월감이 가득 차있습니다. 이것은 율법(도덕)주의입니다. 율법주의는 평가하고 판단하고 비판하고 지적하며 모든 것을 옳고 그름의 이원론적 시각으로 정죄합니다. 그리고 판단의 기준이 자기 자신입니다. 그래서 자기의 생각이나 기분에 합당하면 수용하고 그렇지 않으면 배척해 버립니다.

율법(도덕성)과 율법(도덕)주의는 다릅니다. 율법은 하나님의 거룩한 기준이 무엇인지 보여줍니다. 그래서 성경말씀이 선악의 기준이 됩니다. 그러나 율법(도덕)주의는 선과 악의 기준이 판단하는 자기 자신입니다. 율법(도덕)주의는 자기를 스스로 높이고 자기의 판단만이 옳다고 생각하면서 자기 나름의 도덕 절대주의에 빠지기 때문에 여기에 사랑과 긍휼이 없습니다. 기독교는 도덕과 규범 그 자체도 중요하게 생각하지만, 사랑을 보다 더 중요하게 생각하는 사랑의 종교입니다. 그래서 예수님이 죽으셨습니다. 사랑이 믿어지고 느껴질 때, 직면을 받는 그 순간은 수치스럽고 불안하지만, 대체적으로 편안하게 직면을 수용할 수 있게 됩니다.

2) 훈계와 충고

훈계와 충고는 직면이 아닙니다. 훈계는 위에 서서 그를 내려다보며 가르치고 지적하는 것으로서 이것은 상대방을 존경하고 섬기는 태도가 아닙니다.

최후의 만찬에서 가룟 유다에게 보인 주님의 태도를 보십시오. 그것은 사랑의 권고요, 돌이킴을 위한 호소이며 책임을 촉구하는 사랑의 소리입니다(마 26:21-25). 직면을 한다고 하면서 도발적인 말을 하거나 언성을 높이거나 삿대질을 하거나 눈을 부라리는 것은 비인격적인 태도입니다. 언제까지나 사랑의 말과 사랑의 태도여야 합니다.

♡ 잘못된 직면을 보면서 그동안 자신의 경우에는 이러한 태도로 다른 사람을 직면한 경험은 없었는지 진솔하게 나누어봅시다.

4. 직면받기 힘든 이유

1) 왜곡된 심리

사람들은 자기 자신이 부족함이 없는 완전한 인격자이기를 기대합니다. 그렇기에 자신의 부족한 점에 대해 직면 받으면 지적 받는 부분만 잘못되었다고 생각하는 것이 아니라 자신의 존재 자체가 잘못되었다고 확대 해석을 하기 때문에 직면받기를 힘들어합니다.

그리고 무엇보다 근본적인 원인은 인간의 죄성과 유아적인 기대 심리 때문인데, 이것은 '나를 사랑한다면 나의 잘못을 무조건 수용해주고 덮어주어야지, 지적하는 것은 나를 사랑하지 않기 때문이다.' 는 왜곡된 심리를 갖고 있기 때문입니다.

2) 완벽주의 사고

완벽주의의 사람들은 일을 완벽하게 해내야만 직성이 풀리는 사람으로 자기가 성취한 일들을 과소평가하면서 '더 잘해야 한다'는 강압적인 요구에 시달립니다. 이러한 완벽주의의 저변에는 완전하지 않으면 수용될 수 없다는 생각이 자리 잡고 있는데, 그것은 열등의식과 자신감의 결여 때문입니다. 이들은 끝없는 완전에의 욕구를 가지고 있으며 그 내면에는 자신의 부족을 인정하지 않으려는 맹목적인 환상이 있습니다.

이런 가치관을 가지고 있을 때 직면 자체는 수용할 수 없습니다. 직면받을 때 엄청난 저항이 있고, 더 나아가 직면 내용이 인정되면 '내가 무엇을 또 잘못했나? 내가 이 정도밖에 안되나'라고 자신에게 실망합니다. 이런 맥락에서 직면받는 것이 너무 힘들고 지적 받을 때 자신의 존재까지도 위협받는다고 느끼게 됩니다.

완벽주의 사고를 극복하기 위해서는 다음과 같은 수고가 필요합니다.

첫째, 자신을 지나치게 확대 해석하는 자신의 환상적 사고를 버리고 있는 그대로의 나를 볼 수 있도록 노력합니다.

둘째, 자신의 모든 점을 바라볼 때 긍정적인 것에 초점을 맞추고 현실적으로 실현 가능한 목표를 세워야 합니다.

셋째, 자신의 존재가치를 성공과 성취에 두지 말아야 합니다.

3) 과도한 인정욕

사람들은 누구나 다 자신의 존재와 능력, 외모 등 모든 면에서 인정에의 욕구가 있습니다. 사랑은 삶의 양식이며 에너지이므로 사랑과 인정에 인생의 전부를 걸게 됩니다. 더 나아가 사람은 다른 사람의 피드백에 영향을 받습니다. 따라서 인정을 받을 때는 자신의 존재가 가치있게 여겨지고 중요한 사람으로 생각되지만 그렇지 못할 때 자신이 살 가치가 없다고 느낍니다. 인정욕구가 강한 사람은 부정적 피드백을 받아들이지 못합니다. 자신에 대한 거절과 배척으로 받아들이기 때문입니다.

그런데 자신을 스스로 인정하지 않고 다른 사람의 인정만을 기대한다면 끊임없이 남의 인정에 집착하며 살게 됩니다. 상대방의 인정은 주관적인 것이며 잘못된 부분이 있을 수 있는데도 타인의 인정에 대해 집착하는 것은 삶의 주도성을 상실하게 만듭니다.

그러므로 과도한 자신의 인정욕구를 바라보고 그 욕망을 놓아야 하며 스스로 자신을 인정하는 훈련이 필요합니다. 직면을 자신의 부족함을 보여주는 거울로 본다면 직면을 수용하는 용기가 조금 생깁니다. 직면을 수용할 때 자신을 있는 그대로 볼 수 있습니다. 직면 없이 공감만 해주는 것은 낮은 수준에서 그를 돕는 것입니다. 그러므로 직면을 받을 때 저 사람이 나를 미워해서가 아니라 나에게 높은 수준의 도움을 주고자 용기를 내는 것임을 알고 수용할 수 있는 담대함을 키워야 합니다.

인정욕구가 강한 사람은 자신이 의존하는 대상에 대해서 절대화하는 경우가 있습니다. 자기가 절대화한 사람의 말에 너무 집착하게 되면 직면이 어려워집니다. 부모나 배우자, 그리고 지도자라 할지라도 절대화하고 의존하려 하면 이것은 집착이며 관계중독입니다. 따라서 어떤 대상의 말에 무조건적으로 의존하지 말고 스스로 생각해 보고 판단을 내리는 연습을 해야 합니다. 인정욕구는 벗어버리기가 참으로 어렵지만 하나님의 사랑과 인정이 가장 중요하다는 사실을 받아들이고 자기 자신이 스스로 나를 인정하고 훈련이 있어야 사람들로부터 인정받으려는 욕구를 버려갈 수 있습니다.

4) 권력욕(통제욕구)

마음이 불안한 사람일수록 자신과 타인을 신뢰할 수 없기 때문에 타인을 통제하려고 합니다. 이런 경우 자신이 늘 지도자로 있어야 하고 그렇지 못한 상황은 견디지 못하게 됩니다. 이것은 완벽주의와도 연결됩니다. 이런 경우 다른 사람이 볼 때는 리더십이 있어 보이지만 진정한 영향력이 아니며 섬기는 리더십이 아니기 때문에 열매가 없습니다. 건강한 삶은 내가 순종하며 따라가야 할 때와 이끌어 가야 할 때를 구분하는 것입니다. 그러나 권력욕이 강한 사람은 자기가 통제할 때만 기쁨을 느끼고, 따라가야 될 때는 거절감과 불쾌감, 불안감을 느낍니다.

남이 나를 지배하는 것을 허락하지 않는 권력욕은 타인을 불신하기 때문에 생깁니다. 그러므로 상대방의 인격과 말을 분별하면서 자신이 허락한 만큼의 신뢰가 필요합니다. 물론 견디기 어려운 불안감이 일어날 수도 있습니다. 그러나 자신의 불안을 다루어야 합니다. 권력욕을 버리기는 어렵겠지만 꾸준히 훈련하다 보면 남을 통제하려는 욕구를 벗어버리고 상대방의 말을 수용할 수 있게 될 것입니다.

💜 직면받기 힘든 네 가지 경우를 보며 자신에게 해당되는 것이 무엇인지 나누어 봅시다.

5. 직면하기 힘든 이유

직면의 문제에 있어 때로 직면하는 사람(상담자)이 직면을 하지 못하고 회피할 때가 있는데 직면을 회피하는 이유로 다음을 생각할 수 있습니다.

첫째, 남에게 직면하는 것이 익숙하지 못한 것입니다. 이것은 너도 편하게 살고 나도 편하게 살자는 안이한 대인관계 양식 때문입니다.

둘째, 내가 다른 사람을 직면하면 나 또한 직면 받을 수 있다는 두려움입니다.

나도 상처받게 되고 나에 대해 알고 싶지 않았던 것을 알게 될 것을 두려워하기 때문입니다.
셋째, 직면을 하다가 다른 사람에 대한 부정적 생각이나 공격성이 넘쳐 흐를까봐 두려운 것입니다.
넷째, 어설픈 직면으로 혹시라도 다른 사람들에게 상처 주거나 피해를 주지 않을까 우려하기 때문입니다.
다섯째, 다른 사람들의 문제 속으로 너무 깊이 들어가서 내가 도와줄 수 없는 문제를 발견하게 될까 봐 염려하는 것입니다.
여섯째, 다른 사람들을 직면한다면 그들이 나를 좋아하지 않을 것이라는 염려 때문입니다. 이것은 사람들의 인기에 영합하려는 마음입니다.

♥ 직면하기 힘든 경우를 보며 자신에게 해당되는 것이 무엇인지 나누어 봅시다.

6. 직면의 필요성 및 유익

1) 직면의 필요성
첫째, 인간의 마음은 타락함으로 인해 본성적인 악함에서 벗어날 수 없습니다. 인간 안에는 지킬박사와 하이드 이야기처럼 악이 선을 이길 때가 많습니다. 사람은 그 자신이 아무리 선과 진실을 추구하고 싶어도 자기 자신도 모르게 자신의 악을 숨기는 기만성과 간교함, 그리고 방어기제가 있습니다.

그러므로 자신이 보지 못하는 그림자를 볼 수 있도록 도움을 주어야 합니다.

둘째, 사람은 자기의 경험을 가지고 남을 투사하면서 타인의 삶을 판단하는 어리석음이 있습니다. 타인을 향한 우리의 해석이나 판단은 단지 자신의 기준입니다. 그러므로 개인의 경험을 절대화하여 남을 비판하지 않도록 절대적 원리인 성경의 가르침 앞에 낮아져야 합니다.

셋째, 사람들이 자신의 문제에 대해서는 객관적 시각을 놓쳐버리고 감정적으로 행동하는 경향성이 있으므로 주관적인 감정에 따라 행동하지 않도록 지도와 권면이 필요합니다.

넷째, 동정심만으로는 진정한 삶의 변화를 일으키지 못합니다. 그러므로 진실한 사랑의 마음으로 권면하여 연민과 부정적인 정서에서 벗어나도록 도와야 합니다.

2) 직면의 유익

첫째, 자기의 부족한 모습을 볼 수 있게 되므로 변화와 성장이 촉진됩니다.

둘째, 자기를 깊이 보게 되므로 자기의 장단점을 잘 분별하여 자기를 다스리는 힘을 갖게 됩니다.

셋째, 인생을 보는 깊은 시야를 가지게 되므로 리더십을 발휘하게 됩니다.

넷째, 가난한 마음으로 낮아져 회개하게 되므로 하나님의 은혜를 구하는 겸손을 갖게 됩니다.

💜 위 글을 읽고 어떤 생각과 느낌이 드는지 나누어 봅시다.

활동(30-40분)

1. 자기직면

자기 직면의 방법은 다음과 같습니다. 자기 직면을 하는 경우 들어주는 사람은 경청과 공감으로 그를 격려합니다.

- **1단계** : 자기의 부족한 점이나 고쳐야 할 점을 솔직히 시인하고 말로 정확히 표현합니다.
- **2단계** : 언제, 어떻게 고칠 것인지 방법을 정합니다.
- **3단계** : 결심을 하고 누구에게 확인받을 것인지 정합니다.
- **4단계** : 듣는 사람은 지적하거나 비판하지 않고 경청과 공감을 해주고 적극적으로 지지해 줍니다.

<자기 직면의 예>

- **1단계** : 나의 부족이나 고쳐야 할 점은 무엇입니까?
  예) 경제적으로 쪼들린다고 힘들어하면서 어제도 백화점에 가서 딸아이의 옷을 사줬다.
- **2단계** : 언제, 어떻게 고칠 것입니까?
  예) 경제적인 어려움을 호소하면서 옷 구입이나 외식을 줄이지 않는 내 모습을 스스로 직면했다. 이제 다음 달부터 외식이나 옷 구입에 있어서 적정한 한도를 정하고 한도 내에서 지출하겠다.
- **3단계** : 누구에게 확인받을 것입니까?
  예) 남편과 목자(구역장)에게 부탁해서 확인받겠다.
- **4단계** : 자기직면한 후 피드백 받은 느낌은 어떻습니까?
  예) 나의 부족한 점, 부끄러운 점을 스스로 직면하고 고치기로 결심하니 마음이 자유로워짐을 느꼈다.

<자기직면양식>

1) 나의 부족이나 고쳐야 할 점은 무엇입니까?

2) 언제, 어떻게 고칠 것입니까?

3) 누구에게 확인받을 것입니까?

4) 자기직면한 후 피드백 받은 느낌은 어떻습니까?

2. 타인직면

효과적인 타인직면 기술은 다음의 4단계를 거칩니다.
- 1단계 : 정보(보고 들은 것이 무엇인가?)
- 2단계 : 사고(어떻게 생각하는가?)
- 3단계 : 감정(어떻게 느끼는가?)
- 4단계 : 소망이나 기대(원하는 것이 무엇인가?)

<타인직면의 예>

"자꾸 모임에 지각하는 어떤 분이 있었다."

- **1단계(정보)** : 당신이 다섯 번의 수업 중 3번을 약 10-30분 정도 늦게 오는 모습을 봅니다.
- **2단계(나의 생각)** : 제게는 그런 모습이 분주하고 정돈되지 않은 것으로 보이고 시간관리를 잘못하는 것으로 생각됩니다.
- **3단계(나의 감정)** : 그래서 내 느낌은 당신에 대해 판단하고 싶은 부정적인 느낌이 일어나고 당신의 행동이 모임을 방해하는 것으로 생각되어 불편합니다.
- **4단계(소망)** : 내가 원하는 것은 당신이 바쁘시더라도 시간을 잘 지켜 주시는 것입니다. 그럴 때 우리가 서로를 존중할 수 있고 당신이 어디에서나 자신감 있고 당당한 모습으로 행동할 수 있으며 남에게 인정받게 될 것이라 기대합니다.

관계하면서 서로의 삶을 통해 관찰된 것을 솔직하게 직면하되 직면의 4단계 모델에 따라 해봅니다.

<타인직면양식>

1) 타인에 대해 관찰한 내용 (행동패턴, 사고패턴, 경험한 사실 등의 정보)

2) 그것(행동)에 대한 나의 생각은 무엇입니까?

3) 나의 감정은 어떻습니까?

4) 내가 바라는 것(소망, 기대)은 무엇입니까?

5) 특별히 왜 이 사람을 직면했는지 자신의 내면의 동기를 탐색해 보십시오.

마무리(10분)

이 강에서는 직면에 대해 배우고 자기 직면과 타인 직면의 연습을 통해 자신과 타인의 연약함과 악을 정직하게 보고 수용하면서 문제해결 능력을 기르는 훈련을 하였습니다.

♥ 이 강을 공부하면서 깨달은 내용이나 소감을 나누어 봅시다.

기도(5분)

오늘 하루 좋은 만남을 주신 하나님께 감사하고 동료들에게 격려와 축복을 빕니다.

사랑의 주님, 오늘 이 시간을 통해 내 속에 있는 연약함과 악을 피하지 않고 직면하여 보았습니다. 이 일이 쉽지 않음을 알지만 그래도 나의 모습을 있는 그대로 직면하여 회개할 것은 회개하고 용서받는 기쁨과, 변화시킬 것은 변화시킬 수 있는 능력을 가질 수 있도록 이끌어 주시옵소서. 다른 사람을 향하여서도 그 모습 그대로 인정하고 용서하며 사랑할 수 있기를 원합니다. 더 나아가 자신과 타인을 향하여 비판이나 판단 없이 연약한 부분까지 그대로 수용하고 사랑할 수 있는 사랑의 힘을 주시기를 소원합니다. 내 모습이대로 사랑해 주시는 예수 그리스도의 이름으로 기도드립니다. 아멘.

5강
사랑의 관계 훈련

5강 사랑의 관계 훈련

목표 : 참된 사랑이 무엇인지 확인하고, 자신의 장점을 발견하여 자신감을 갖도록 하며, 다른 사람의 장점에 대해 적극적으로 지지할 수 있는 사랑의 관계 능력을 키웁니다.

현재 심정 나누기 (10-20분)

모임을 시작하면서 느껴지는 심정을 진솔하게 나누어 봅시다. 말하는 분은 자신의 심정을 잘 느끼면서 사고로 통합하여 말하며, 듣는 분은 상대방의 이야기에 집중하고 경청하여 그의 심정을 잘 듣고 긍정적으로 피드백합니다.

목표 제시 (5분)

이 강의 목표와 주제 말씀을 다 같이 읽고 그 의미가 무엇인지 생각해 봅시다.

주제 말씀

모든 것을 참으며 모든 것을 믿으며 모든 것을 바라며 모든 것을 견디느니라(고전13:7)

● ● ● 의미: 하나님의 사랑을 입은 사람은 모든 일에 참고 믿고 바라고 견딥니다. 사랑의 삶을 살고 사랑으로 섬기기 원하는 사람은 다른 사람이 사랑의 삶을 살도록 모든 것을 기다리고 믿고 바라며 견뎌 줍니다.

나눔 (30-40분)

여기에 있는 내용을 한 단락씩 나누어 읽어가며 그때 들은 생각이나 깨달음, 느낌 등을 자연스럽게 이야기합니다. 그리고 각 내용에 따라 제시된 질문을 보고 진솔하게 나눕니다.

1. 사랑의 관계를 향한 삶

지금까지 우리는 다섯 번의 모임을 하면서 인격성장과 사랑의 관계 회복을 위해 여러 가지 학습경험을 했습니다. 우리 각자는 나 자신을 보다 더 이해하고 수용하고 개방할 수 있게 되었을 뿐 아니라 상대방도 이해하고 수용하게 되어 꽤 가까운 느낌을 갖게 되었습니다. 시작이 있으면 끝이 있듯이 모임은 이제 마무리되지만 여기서 학습하고 얻어진 결과가 삶의 과정에서 지속적인 영향을 미쳐 사랑의 관계를 회복하는 자로 살기를 바라는 마음 간절합니다.

먼저 처음의 목적에 비추어 자신이 생각하기에 얼마나 변화하고 성숙했는지 점검해 봅시다.

첫째, 자신을 현실적으로 이해할 수 있도록 합니다.

둘째, 있는 그대로의 자신을 수용하도록 합니다.

셋째, 하나님과 교회, 그리고 이웃에게 있는 그대로의 나를 개방할 수 있도록 합니다.

넷째, 자신의 말과 행동에 책임지며 생산적인 인간관계를 발전시킬 수 있도록 합니다.

다섯째, 하나님과의 깊은 만남으로 인해 영적 자유와 평안함으로 다른 영혼의 성장을 돕도록 합니다.

여섯째, 이 과정을 통해 교회공동체가 사랑의 관계로 회복되어 사랑의 열매가 맺히기를 기대해 봅니다.

돌이켜 보면, 우리들의 학습은 나 혼자만의 힘으로 이루어진 것이 아니라 우리 모두의 협력을 통하여, 즉 상호간에 주고받은 도움에 의하여 이루어진 것입니다. 모임을 마치기 전에 서로 돕고, 도움 받은 것을 다시 한 번 살펴봅시다. 그리고 서로 감사하는 마음으로 그 사실을 직접 그 대상에게 알려 주게 되면 우리의 경험은 한층 더 풍부해 질 것입니다. 더 나아가 이 사랑의 축복을 이웃과 세계를 위해 나눌 수 있기를 바랍니다.

💛 사랑의 관계를 향한 삶을 배우면서 지금까지 어떠한 점이 변화되었고 성숙해졌는지, 아쉬운지 돌아보면서 함께 나눠봅시다.

2. 아가페 사랑이란

1) 아가페 사랑의 정의

아가페 사랑은 무조건적 사랑, 비소유적 사랑, 이타적 사랑이라고 말합니다. 아가페 사랑은 신적인 사랑으로서 아무 조건 없이 좋아하고 돌보아 주며, 용서하고 베풀어 주는 자기희생적 사랑입니다. 이것은 하나님이 자기 아들 예수 그리스도를 죽여 아무 조건 없이 인류를 구원한 사건에서 나타나고 있습니다. 아가페 사랑은 아무것도 바라지 않은 채 자신의 사랑을 받는 자가 다시 사랑을 낳으리라는 소망을 갖고서 자신을 온전히 헌신하는 것을 의미합니다. 아가페란 그것을 필요로 하는 사람에게 베풀어 주어야 할 의무와 같은 행위이며, 그것은 가슴보다는 머리로, 감정보다는 의지로 행하는 것입니다.

사랑은 그 자체에 창조성이 있습니다. 즉 누군가를 사랑하려는 마음을 갖게 되면 인격의 중심인 마음속에 순수하고 이타적이며 자기희생적인 사랑이 샘솟듯 일어나게 됩니다. 모든 인간의 마음속에는 사랑의 지하수가 흐르는데 그것을 개발하는 자가 사랑의 풍성함을 누리며 살게 됩니다. 진정한 사랑이란 이미 받은 사랑을 순수하게 주는 것이며, 줌으로써 다시 받을 수 있는 것입니다. 그뿐 아니라 자신보다는 사랑하는 사람의 행복과 번영을 더 생각합니다. 상대방의 희망과 행복을 위해서는 자신의 희망이나 행복을 잠시 유예하든가 포기할 수 있는 것입니다. 참사랑은 사랑을 받는 사람의 자존감과 존엄성을 회복시키며 그를 새롭게 창조하는 능력이 있습니다.

2) 아가페 사랑의 특성

첫째, 인격적인 관계에서의 성장을 목표로 합니다.

성장은 자신과의 관계나 하나님과의 관계, 타인과의 관계, 더 나아가 우주와의 관계에서의 성장을 목표로 합니다. 이 사랑은 모든 존재와의 관계에서 평화를 도모하며 이를 위해 전적으로 헌신하고 희생하려는 마음을 갖습니다. 아가페적 사랑은 아무것도 바라지 않은 채 자신의 사랑이 그것을 받는 자 안에서 사랑을 낳으리라는 소망을 안고서 자신을 온전히 헌신합니다.

둘째, 자신을 사랑할 뿐 아니라 다른 사람도 사랑하는 것입니다.

자신을 사랑하지 않는다면 남도 사랑할 수 없습니다. '네 이웃을 네 몸과 같이 사랑하라' 는 말에는 자기 자신의 고결함과 독특성을 존중하라는 뜻을 내포하고 있습니다. 진실로 사랑할 줄 아는 사람은 자기 자신과 타인을 모두 사랑합니다.

셋째, 행동으로 보여줍니다.

가끔 단순한 감정의 상태도 사랑이라고 보지만 이것은 순전히 비자발적인 것으로서 이러한 사랑은 감각적이고 수동적입니다. 그에 반해 참사랑은 의지의 실천이 뒤따르는 것입니다. 행동이 동반되지 않는 말로만의 사랑은 거짓입니다. 하나님께서는 사랑을 말씀으로만 하지 않으셨고 그 이상을 보여 주셨습니다. 하나님께서 육신으로 오신 또 하나의 이유는 이 세상의 누구보다도 가장 귀한 사랑의 본을 보이시기 위함이었습니다. 사랑은 자신의 자유의지로 선한 것을 선택하고 실천하는 것입니다.

넷째, 사랑은 자아의 확장입니다.

사랑은 자기의 지경을 넓히는 것이며 자기의 자아를 확장하는 것입니다. 이런 사랑은 나눔으로써 사랑의 순환작용을 일으킵니다. 아가페 사랑은 소멸되지 않습니다. 사랑은 사용하면 할수록 커집니다. 우리는 또 그것을 남에게 베풀면 베풀수록, 그것을 행하지 않고는 견딜 수 없는 의무감을 느낄 것입니다. "사랑은 나눌수록 커지고 슬픔은 나눌수록 작아진다"는 말처럼 상대를 사랑하는 행동을 통해 자아가 확장되고 성숙되어 갑니다.

다섯째, 공익성을 가지고 인류를 향해 나아갑니다.

사랑은 나와 너, 우리라는 차원의 인격적 성장과 성숙뿐 아니라 인류라는 차원으로 발전을 지향하는 것입니다. 그러므로 한 영혼에 대한 깊은 관심과 순수한 사랑은 결국 온 인류에 대한 관심과 사랑으로 전환됩니다.

여섯째, 하나님의 사랑 때문에 다른 사람을 믿어주고 소망을 가집니다.

사람은 신뢰의 대상이 될 수 없는 연약한 존재입니다. 성경은 사람을 신뢰하라고 말하지 않고 사랑하라고 하였습니다. 그런데 사람을 사랑하게 되면 신뢰하게 됩니다. "사랑은 모든 것을 참으며 모든 것을 믿으며 모든 것을 바라며 모든 것을 견디는 것이다"(고전 13: 7) 그러므로 믿을 수 없을 때에라도 사랑하기 때문에 무조건적으로 상대방을 믿어줌으로써 그의 희망이 되어 주는 자가 참사랑을 하는 자입니다.

💚 아가페 사랑을 읽고 어떠한 느낌과 깨달음이 있는지 나누어 봅시다. 더 나아가 당신은 아가페 사랑을 위해서 어떠한 노력을 하시겠는지요?

3. 유사 사랑

여기서는 참된 하나님의 아가페 사랑과 혼동할 수 있는, 사랑인 것 같지만 사랑이 아닌 유사품을 살펴보고자 합니다. 우리는 이런 사랑을 통해 어느 정도 도움을 받고 살아가기도 하지만 이런 유사사랑은 인격적인 삶이나 관계를 형성해 나가는 데 매우 해롭게 작용할 수도 있습니다. 그러므로 사랑과 유사사랑을 구별할 수 있어야 합니다.

1) 로맨틱한 사랑

이것은 서로 처음 만나자마자 마치 전류에 감전된 것처럼 강한 매력과 정열이 발생하여 불붙기 시작하는 사랑이라고 말할 수 있습니다. 이 사랑은 사랑하는 사람에 대한 사랑이기보다 사랑 자체에 대한 사랑이라고 말할 수 있습니다. 첫눈에 바로 황홀한 사랑에 빠지게 되며 한 순간의 이별도 견딜 수 없게 됩니다.

이 사랑은 감정적인 열정이 식고나면 사랑이 변질됩니다. 처음에는 너 중심으로 사랑을 시작한 것 같았는데 시간이 지나면서 나 중심적 사랑으로 변질되는 것입니다.

2) 집착적(의존적)인 사랑

집착적인 사랑을 하는 사람들은 상대방이 진정으로 좋아서라기보다는 사랑을 하고 있어야겠다는 강한 욕구에 강박적으로 끌려가는 사람일 수 있습니다. 혹은 자기가 주는 사랑에 대하여 그만큼 보답을 받지 못할까 두려워 진정한 사랑을 주지 못하는 사람일 수도 있습니다. 이 경우는 자기의 약함을 채우기 위해 시작된 사랑입니다. 달콤하게 말하고 상대를 위해 살 것 같이 접근하고 약속했지만 그러나 사실은 단지 너를 이용하기 위해서 나를 속이고 너를 속였을 뿐입니다. 집착적인 사랑은 참사랑이 아닙니다.

3) 정신집중의 사랑

이 사랑은 참된 사랑이라기보다는 정신집중 그 자체에 불과합니다. 사랑의 능력이 없는 사람은 연애 기간 동안에 상대방의 필요와 그 사람에 대해 본능적인 감각을 가지고 접근합니다. 그러다가 결혼의 단계로 진입하고 나면 결혼과 동시에 사라져 버리는 신기루가 되어 버립니다. 그러므로 사랑의 능력으로 인해 자연스럽게 나타나는 집중이 아닌 이성에 대한 정신집중 그 자체는 결코 참사랑이 아닙니다.

4) 맹목적인 사랑

이 사랑은 사랑이 무엇인지 그리고 그 의미와 가치, 활동들을 생각하지 않고 주는 사랑입니다. 맹목적으로 상대방을 위해 희생하는 것이 아니라 그의 성숙을 위해, 전인적으로 건강한 아름다운 삶을 살도록 하기 위해 사려 깊게 주고 사려 깊게 거둬들이는 것입니다. 사랑을 베풀 때는 대상과 상황, 필요에 따라 적절히 배려하되 그에게 필요한 것이 무엇인지를 물어야 합니다. 자식에게 사랑을 베푼다고 나름대로 열심히 노력했지만 그저 물질만 주었지 사랑을 준 것이 아닐 수 있습니다. 아무것도 아끼지 않고 자기희생도 마다하지 않는 사랑이라도 사랑이 무엇인지 모르고 주는 경우가 많은데 이것은 참사랑이 아닙니다.

5) 과잉보호의 사랑

사랑은 무분별한 자기희생이 아닙니다. 분별없이 마구 주는 사랑을 과잉보호라고 합니다. 과보호를 받으며 자란 사람은 나를 사랑하는 사람이라면 내가 원하는 바를 무엇이든지 무조건 그리고 즉시 들어주어야 하며, 그렇지 못할 때는 나를 사랑하는 것이 아니라는 유아기적 사고방식을 가지게 됩니다. 과잉보호는 사랑을 받는 사람의 인격적 성장을 고려하지 않고 베풀기 때문에 결국엔 그를 자신에게만 의존하게 만들며 그로 인해 그의 정신과 인격이 노예화되어 인격의 자주성과 주체성을 파괴시키기도 합니다.

6) 감정적인 사랑

사랑은 전인성을 포함하기 때문에 감정이 동반되지만 감정 그 자체만으로 사랑을 정의하고 평가할 수는 없습니다. 많은 경우에 사랑의 감정은 흔히 몰입의 경험을 동반하기도 합니다. 이 경우는 아끼는 마음으로 서로 상대방의 이익을 위한 적극적인 지지자가 되고 상대방이 성공할 수 있도록 확실히 뒷받침이 되어주는 행동에서도 나타납니다. 몰입은 어떤 대상이 우리에게 중요해져 가는 과정으로 일단 몰입하게 되면 그 대상은 그것이 마치 우리의 전부인 양 우리의 에너지를 끌어갑니다. 그러나 이는 감정의 포로가 되는 것이므로 그것 자체를 사랑이라고 할 수는 없는 것입니다.

7) 표현하지 않는 사랑

마음에는 사랑이 있지만 사랑을 표현할 줄 모른다면 이것은 참사랑이라고 할 수 없습니다. 동양에서 말하는 이심전심만으로는 불충분합니다. 사람은 부부간이든 친구간이든 상대방이 나를 사랑하고 있다는 '증거'를 확인하고 싶은 마음이 있습니다. 표현에 익숙하지 않아서 하고 싶어도 표현을 못하는 경우가 있습니다. 이러한 표현의 미숙함 때문에 오해가 생기고 갈등이 생깁니다.

8) 조건적인 사랑

조건적인 사랑은 흔히 논리적 사랑이라고 부릅니다. 이것은 어떤 경우에도 손해 보지 않고 현명하게 사랑하려는 사람입니다. "나는 내가 생각하는 남편(아내)의 조건에 맞지 않거나 부모님의 조건을 만족시키지 못하는 사람하고는 결코 연애를 하지 않을 것"이라고 생각하는 사람들이 이런 사랑을 하는 전형적인 예입니다. 그들은 원하는 바가 이루어지지 않을 경우에 대비하여 가능한 대안적 방법까지도 충분히 생각해 놓고 있습니다. 논리적인 사랑을 하는 사람들은 그만큼 잠재적인 불안감이 많고 자신감이 부족하며 성격적으로 다소 덜 성숙한 사람이라고 할 수도 있습니다.

9) 유희적 사랑

유희적 사랑을 하는 사람에게 있어서 관계란 즐기기 위한 도전입니다. 유희적 애인에게 있어서 사랑의 약속 같은 것은 서로 간에 금기 사항이며, 그들은 동시에 두 사람 혹은 그보다 더 많은 애인들과 사랑을 나누는 것이 예사입니다. 그들은 이 사람에게서 저 사람에게로 쉽게 옮겨가며, 어느 사람과도 심각한 사랑에 빠지거나 특별히 흥분하지 않습니다. 유희적 사랑을 하는 사람들은 마음속에 있는 생각이나 감정 같은 것을 결코 드러내지 않으며, 상대방도 그렇게 해주기를 바랍니다. 그들은 사랑은 재미로 하는 것이지 책임을 져야 하는 행동이 결코 아니며, 사랑이란 인생에서 대단히 중요한 것도 아니라고 생각합니다.

참사랑이란 자신이나 다른 사람이 영적, 인격적으로 온전하게 성장하도록 돕는 것입니다. 또한 이 귀한 일을 위해 자아를 확장하려는 의지이며 희생인 것입니다.

♡ 유사 사랑을 읽고 특히 내가 가진 거짓 사랑은 어떤 것들이 있는지 점검해 봅시다.

활동 (30-40분)

1. 자신에 대한 발견 및 깨달음

그동안 공부하면서 발견한 깨달음과 자기에 대해 발견한 모습(긍정적인 부분, 성장한 모습, 새롭게 자각한 나의 모습 등)을 찾아 기록해 봅시다.

	모임을 통해서 얻은 자기 교훈(깨달음)	모임을 통해 발견한 나
1회		
2회		
3회		
4회		
5회		

2. 작품 감상

자신에 대한 작품 감상 시간을 가집니다. 나의 몸, 외모, 성격, 직장생활, 대인관계, 능력 및 기술, 취미 및 기호, 하나님과의 관계, 가족관계, 특별한 경험 등 나의 장점들을 구체적으로 적어 봅니다. 3명이 한 조가 되어 한 사람은 자신의 작품 감상을 읽고 다른 두 사람은 공감해 주면서 상대방이 미처 발견하지 못한 장점이 있다면 적극적으로 알려줍니다.

<심수명의 작품 감상 예>

분류	나의 장점 및 자원들
몸	• 건강한 신체, 소화력, 배설양호, 컨디션 조절을 잘 함, 혈색 좋음, 자기부족(장이 약함, 기초체력이 약함)을 잘 알고 극복하고 있음
외모	• 아담한 키, 귀여운 얼굴, 희고 깨끗한 피부, 예쁜 손과 발, 따뜻한 인상, 연약한 피부와 뚱뚱한 신체를 잘 조절하려고 노력함
성격	• 따뜻함, 성실, 정직, 진실, 깨끗함, 순수함, 지혜로움, 자유로움, 사람을 사랑하고 좋아함, 때때로 어두운 마음이 지배하려 할 때 회개하고 하나님을 바라봄
직장생활	• 한밀교회를 개척해서 건강한 교회로 세워감 • 성도들을 잘 돌보며 가정, 교회, 사회에서 지도자로 세워감 • 상담목회로 사랑의 관계가 탁월하며 한국교회에 영향을 주는 목회를 함 • 팀 목회를 이루어감. 목회의 능력이 부족한 부분 (기도, 전도, 심방)을 잘 알기에 다른 교역자와 성도들의 도움으로 함께 사역함 • 상담학과 교수와 대학원장으로 학교와 사회에 좋은 영향 주고 있음 • 사단법인 한국인격심리치료협회의 대표로 한국교회에 기여하고 있음
대인관계	• 원만하고, 인기 있고, 남을 잘 돕고, 사람을 사랑하며 세우는 능력이 있음 • 사람들의 지나친 기대를 조절하려고 노력하고 있음. • 개인주의를 넘어 공동체적 삶을 살아감 • 열등감과 모든 사람에게 사랑과 인정받으려는 욕구를 다스리기 위해 노력함 • 사람들의 도움과 지원, 함께 함을 감사함 • 비판을 싫어하는 본능을 다스리며 비판을 수용할 뿐 아니라 비판에 휘둘리지 않으면서 모두를 사랑하려 노력함

가족관계	• 아내, 자녀와 함께 평안을 누림 • 가족을 사랑하며 사랑받고 있음. 서로 이해하고 돌보도록 이끌어 감 • 병드신 어머니를 돌보며 장인, 장모, 그 외 모든 친척들을 사랑으로 돌아보려 노력함
능력, 기술	• 사람에 대한 깊은 이해와 치료 기술을 가지고 있음 • 설교와 강의능력, 경청능력, 상담능력, 성경을 보는 안목, 목회기술, 운전능력, 글 쓰는 능력, 일과 사람에 대한 열정, 사색 능력, 문제분석과 해석 및 해결능력, 사람을 세우는 능력이 있음
하나님과의 관계	• 하나님에 대해 잘 앎 • 성경을 통해 인격적인 하나님을 바라보고 교제함 • 하나님이 나를 사랑하고 지도자로 세우심을 깨달음 • 그분의 사랑과 보호, 능력을 받고 있는 것을 느낌 • 때때로 범죄할 때 죄책감을 느끼지만 하나님의 용서와 사랑으로 은혜 안에 거함
취미, 기호	• 독서, 영화감상, 대화(사람과 교제), 목욕, 산책
특별한 경험	• 아버지에게 받은 상처로 다른 사람의 상처를 알고 돕고 있음 • 제자훈련 및 인격적 리더십으로 행복한 목회를 하고 있음 • 대학 및 대학원, 연구소, 한국교회 사역 등에서 풍부한 강의경험 • 많은 책을 써서 사람들에게 좋은 도움을 주고 있음 • 상담소에 오래 몸을 담아왔고 상담자로 많은 사람들을 상담함(4,000여명) • 상담감독자로 많은 상담자를 훈련시킨 경험 • 박사학위 2개 소지(목회상담학박사 D.Min./ 철학박사-상담전공 Ph.D.) • 두번의 교회건축 경험

분류	나의 장점 및 자원들
몸	
외모	
성격	
직장생활	
대인관계	
가족관계	
능력, 기술	
하나님과의 관계	
취미, 기호	
특별한 경험	

3. 전체 나눔 및 세수식 (또는 애찬식)

한 사람씩 돌아가면서 서로에 대해 좋은 느낌과 감사를 나눕니다. 시간이 부족하면 소집단으로 모여 서로 긍정적인 피드백을 하도록 합니다. 목회자가 인도하는 경우라면 예수 그리스도의 속죄와 용서를 기념하는 뜻에서 세수식과 성찬식으로 마무리합니다. 평신도가 인도하는 경우, 성도와의 하나 됨을 더 깊이 느낄 수 있도록 애찬식으로 사랑의 교제를 나눕니다.

마무리 (20분)

이 강에서는 그동안의 과정을 돌아보고 참사랑인 아가페 사랑, 거짓 사랑인 유사 사랑, 부패한 사랑에 대하여 정리하고 자신의 작품을 감상하였습니다.

💗 지금까지 공부하면서 들은 전체 소감이나 느낌, 그리고 깨달음을 나누어 봅시다.

기도 (5분)

축복송을 함께 부르고 앞으로도 계속 훈련하여 사랑의 관계를 회복하고 다른 사람에게 인격적인 관계를 하겠다는 다짐을 합니다. (동성끼리) 다함께 따뜻하게 안아 주고 축복해 주면서 기도로 마칩니다.

사랑으로 오신 하나님. 당신을 통해 우리는 참사랑인 아가페를 배웁니다. 사랑이 간절히 필요하고 사랑을 원하지만 우리 안에는 사랑을 할 아무런 힘과 지식도 없음을 고백합니다. 하나님을 통하여 사랑을 배우고, 매순간 날마다 사랑을 덧입어서 나를 하나님의 사랑으로 사랑하고 이웃을, 가족을, 원수를, 온 인류를 참사랑하는 아가페의 능력을 주시기를 원합니다. 사랑의 예수 그리스도의 이름으로 기도드립니다. 아멘.

마치는 글

지난 수세기 동안 기독교는 올바른 생각과 지식을 강조해 왔습니다. 물론 성경 공부와 기도, 제자훈련을 통해 성경적 진리를 성도들에게 전수하는 것은 참으로 중요합니다. 그러나 전인적인 기독교 신앙과는 달리 전통적인 신앙은 감정적인 측면에 대한 고려가 부족하여 인생의 고통을 간과해 온 측면이 많이 있습니다. 삶은 고통의 연속입니다. 그래서 예수님은 우리를 구원하실 뿐 아니라 '마음이 상한 자를 고치실' 목적으로 오셨습니다. 로리 베스 존스는 「기적의 사명선언문」에서 주님의 사명선언서는 "내가 온 것은 양으로 생명을 얻게 하고 더 풍성히 얻게 하려는 것이라"고 명쾌하게 제시하고 있습니다. 그리스도인에게는 풍성한 삶이 필요하기에 주님은 구원과 아울러 풍성함을 주시고 싶어 하셨습니다.

고통을 들어주고 알아주며 위로하는 공동체가 필요합니다. 이런 사랑이 흐르는 공동체를 위해서 우리는 가치관과 태도 외에 기술도 가지고 있어야 합니다. 함께 있는 공동체의 형제, 자매들을 보십시오. 얼마나 많은 고통과 괴로움에서 몸부림치는지요. 이들을 잘 관찰하면 다음과 같은 특성이 있습니다.

첫째, 사랑의 방향이 잘못되었습니다. 먼저 하나님을 사랑해야 함에도 불구하고 자기를 사랑하고 돈을 사랑하며 쾌락을 사랑합니다. 인간의 마음속에는 하나님이 계셔야 할 자리가 있습니다. 그 자리가 사라지면 인간은 인격이 병들고 삶이 무너집니다.

둘째, 인간 상호간의 관계를 파괴하고 있습니다. 자기중심적으로 다른 이를 생각하기 때문에 자긍합니다. 자긍이란 말은 자기를 지나치게 과시한다는 말입니다. 그래서 교만하고 다른 사람을 학대하는 자가 됩니다. 이것이 바로 교만한 삶이며 남을 경멸하는 것입니다. 그렇기에 그들은 타인을 악평하며 대인관계에서 절제하지 못하고 사납고 선을 좋아하지 아니하며 배반하고 말과 행위에 있어서 경솔하며 조급합니다.

셋째, 가족관계는 점점 더 무심해집니다. 부모를 향하여 감사하지 아니하고 존경하지 아니하며, 가족 간의 관계 속에서 갈등을 풀지 않기에 진정으로 평화를 누릴 수 없습니다.

위와 같은 현대인의 약함을 정리해본다면 나약성, 의존성, 자기중심성이라고 할 수 있습니다. 나약성이란 자아가 약하기 때문에 깨지기 쉽고, 정신병적인 상태에 쉽게 빠지는 것입니다. 의존성은 절대적인 대상을 찾아 확실하게 의존하고자 하는 형태입니다. 자기중심성이란 다른 사람을 이해하거나 공감하지 못하고 자기도취에 빠지는 것입니다. 이런 사람은 남에 대한 이해가 없어서 자기를 사랑하는 만큼 고독하고 두렵습니다. 또한 인정에 대한 갈망에 빠질 수밖에 없는 자기 모순을 가지고 있습니다.

어떻게 이 문제를 극복할 수 있을까요?

그것은 내 인생을 책임져 주시는 주님을 믿고 나의 죄를 용서해주시고 받아 주신 사랑과 용서의 하나님을 경험해야 합니다. 그리고 새로운 가족공동체, 사랑이 넘치는 공동체 경험이 필요합니다. 이를 위해 우리는 사랑의 훈련을 받아야 하며 동시에 훈련하는 공동체가 되어야 합니다. 이 사랑의 능력을 갖추기 위해 노력하고 그 사랑이 다른 사람에게 전해질 때 우리 공동체는 점점 더 사랑이 넘치는 공동체가 될 수 있습니다.

예수님이 우리의 죄된 세상을 사랑으로 물들게 하셨듯이 그 사랑의 마음으로 사랑을 전할 수 있는 기술을 가지고 다른 사람에게 나아갈 때 나도 예수님과 같은 사랑의 전파자가 될 수 있을 것입니다.

이 소그룹 교재가 여러분의 공동체에 사랑이 흘러넘치게 하는 도구가 되기를 두 손 모아 간절히 기도하며 이 책을 마무리합니다.

심수명 교수 저서 / 도서출판 다세움

교육/상담 훈련
- 인생은 축제처럼
- 인격치료(학지사)
- 그래도 삶은 소중합니다
- 상담의 과정과 기술
- 정신역동상담
- 감수성 훈련 워크북

목회와 설교집
- 인격목회
- 상담목회
- 상담적 설교의 이론과 실제
- 감사하면 행복해집니다
- 사랑하면 행복해집니다

비전 시리즈
- 비전과 리더십
- 비전의 사람들
- 세상을 변화시키는 리더십과 팔로워십

소그룹 훈련 시리즈
- 의사소통 훈련
- 인간관계 훈련
- 거절감 치료
- 분노치료
- 행복 바이러스
- 성령의 능력으로 사는 그리스도인
- 감수성 훈련 워크북

결혼/가정 사역
- 한국적 이마고 부부치료
- 부부심리 이해
- 행복결혼학교
- 아버지 학교
- 어머니 학교
- 위대한 부모 위대한 자녀

제자훈련 시리즈 전4권
- 1권. 제자로의 발돋움
- 2권. 믿음의 기초
- 3권. 그리스도와의 동행
- 4권. 인격적인 제자로의 성장
- 전인성숙을 위한 제자훈련 시리즈 인도자 지침서

새신자용 교재
- 새로운 시작

저자 소개

심 수 명 (Ph.D., D.Min.)

한밀교회를 개척하여 상담목회를 적용하고 있는 저자는 상담 전문가이며 신학과 심리학, 상담과 목회현장을 아우르는 학자이며 목회자입니다. 저자는 치유와 훈련, 목회를 마음에 품고 한 영혼의 전인적인 돌봄, 부부관계 회복, 비전 있는 자녀교육, 건강한 교회세움, 상담전문가 양성 등에 헌신해 왔습니다. 그 노력의 일환으로 제자훈련 시리즈, 상담 훈련용 교재들을 출판해 왔습니다.

"기독교상담적 관점에서 본 정신역동상담"이 문화체육관광부 우수학술도서로 선정되고, 「목회와 신학」에서 한국교회 명강사(상담분야)로 선정되는 등 한국교회와 사회에 영향력을 끼쳐 왔습니다.

안양대와 총신대(신학), 고려대(석사,상담심리)와 미국 풀러신대에서 목회상담학 박사와 국제신대에서 상담학 철학박사 학위를 취득하였습니다.

상담자격은 한국 목회상담협회 감독, 한국 복음주의 기독교상담학회 감독상담사, 한국 기독교 상담 및 심리치료학회 상담전문가, 한국 가족상담협회 수련감독으로 활동 중입니다.

여성부 정책자문위원으로 활동했으며 오랫동안 국제신대 상담학교수로 사역했습니다. 현재 칼빈대학교 상담학교수, 미국 풀러신학대학원 상담분야 논문지도교수, 한기총 다세움상담대학원 이사장, (사)한국인격심리치료협회 이사장으로 사역하고 있습니다.

● 대표저서
「상담목회」(도서출판 다세움), 「인격치료」(학지사), 「한국적 이마고 부부치료」(도서출판 다세움), 「그래도 삶은 소중합니다」(도서출판 다세움), 「정신역동상담」(도서출판 다세움) 외 다수

● 이메일 : soomyung2@naver.com
● 연락처
- 한밀교회 : 02) 2605-7588, www.hanmil.or.kr
- (사) 한국인격심리치료협회 : 02) 2601-7422~4

사랑이 흐르는 공동체 만들기 2
인간관계 훈련

2008년 5월 30일 초판 발행
2009년 12월 20일 개정판 발행
2015년 4월 15일 3판 1쇄 발행
2017년 3월 10일 3판 2쇄 발행
지은이 심수명
발행인 김선경
교정 유근준
등록 · 제12-177호
등록된 곳 · 서울시 강서구 수명로 2길 88
발행처 · 도서출판 다세움
TEL · 02-2601-7422~4
FAX · 02-2601-7419
HOME · www.daseum.org

총판 · 비전북
주소 · 경기도 고양시 일산구 장항동 568-17
TEL · 031-907-3927
FAX · 031-905-3927

정가 6,000원
ISBN 978-89-92750-31-8 (04180)